Freda Power

Liebe auf der grünen Insel

Freda Power

Liebe auf der grünen Insel

Roman

rosenheimer

www.rosenheimer.com

Titelfoto: © kwiatek7 – Fotolia.com (oben) und
Halfpoint – Fotolia.com (unten)
Lektorat: Christine Weber, Dresden
Satz: SATZstudio Josef Pieper, Bedburg-Hau
Druck und Bindung: CPI Moravia Books, Pohořelice
Printed in Czech Republic

ISBN 978-3-475-54294-7

1

Ein Mann stieg in dem Hafenstädtchen Dingle aus dem Bus. Er blieb zunächst einmal am Straßenrand stehen, während er überlegte.

Was nun?

Er war nicht besonders groß und wirkte sehr jung, obwohl er gut über dreißig war. Seine Jeans und sein Sweatshirt hatten schon bessere Zeiten gesehen, die Turnschuhe ebenfalls. Neben ihm standen ein schäbiger Koffer und eine abgenutzte Reisetasche. Sein dunkelbraunes Haar ringelte sich bis auf die Schultern, die hellbraunen Augen blickten leicht verträumt in die Welt. Dieser Blick täuschte jedoch, der Mann war durchaus wach. Nur pflegte er alles, was er sah, geistig umzuwandeln in Formen und Farben; er war ja Maler. Seine Wahrnehmung war stets scharf und sein optisches Gedächtnis hervorragend.

Im Augenblick schaute er direkt hinter dem Bushäuschen auf den Hafen einer kleinen Stadt. Fischerboote schaukelten am Kai, farbige Netze türmten sich in einer Umzäunung. Auf der Straße fuhren die Autos, Reisebusse und Lieferwagen auf der linken Seite. Nun, das war er gewöhnt; das letzte Jahr hatte er in England verbracht, teils in London, teils in Oxford. Nun war er also nach Irland gekommen.

Daniel Winter stammte aus Wasserburg, wo seine Eltern eine Verpackungsfabrik besaßen. Selbstverständlich gingen sie davon aus, dass ihr Sohn das Unternehmen eines Tages leiten würde. Zu diesem Zweck hatte er ja auch Betriebswirtschaft studiert. Nur hatte er eigentlich absolut keine Lust, kleine Pappschachteln für Kopfschmerztabletten herzustellen ... Deshalb hatte er nach dem Diplom noch ein Kunstgeschichtsstudium angehängt, und nach dem Abschluss war er verreist. Seit gut acht Jahren ließ er sich treiben, lebte mal hier, mal dort, hielt sich mit Aushilfsjobs über Wasser und malte. Ab und zu verkaufte er ein Bild, doch besonders einträglich war die Kunst nicht gerade. Irgendwann – das erwarteten seine Eltern – würde er wohl heimkehren und in den sauren Apfel beißen müssen. Diesen Sommer jedoch noch nicht. Er hatte sich vorgenommen, die irische Küste zu malen; sie wurde ja weithin gerühmt. Also gut. Als Erstes brauchte er einen Job, denn er besaß höchstens noch einen Hunderter.

Daniel machte sich mit seinem Gepäck auf den Weg, immer am Kai entlang. Dingle war malerisch, stellte er fest, mit bunten Häusern und engen Straßen. Außerdem gab es jede Menge Andenkenläden und Pubs. Es wunderte ihn daher nicht, als er auf dem großen Parkplatz am Haupthafen fünf Reisebusse stehen sah. Zwei riesige rote Fischkutter wurden entladen, mehrere Kühllaster warteten daneben.

Schiffe entladen? Er beobachtete das geschäftige Treiben. Die ganze Arbeit wurde offensichtlich von der Besatzung geleistet. Außerdem lief bestimmt nicht jeden Tag ein Fischerboot ein. Nein, das kam wohl nicht in Frage. Am besten war immer ein Job hinter der Theke. Und wenn es so viele Wirtshäuser gab, dann brauchte man natürlich auch viele Barmänner.

Daniel betrat ein nettes Hafenpub. Die Tischchen füllten sich schon mit hungrigen Touristen, obwohl es erst kurz nach zwölf war, aber am Tresen saß sonst niemand. Er bestellte eine Kanne Tee und ein Sandwich und wartete auf eine gute Gelegenheit, den Barkeeper nach einer Anstellung zu fragen. Zunächst genoss er sein Mittagessen.

Bald kam ein älterer Mann, der sich neben ihn setzte. »Hallo, John«, grüßte er. Nun stellte sich heraus, dass der Mann hinter der Bar der Wirt selber war, denn er winkte einer Bedienung zu, den Ausschank zu übernehmen, damit er sich seinem Bekannten widmen konnte.

Er begrüßte den Mann neben Daniel freudig mit Handschlag. »Hey, Pat, ewig nicht gesehen! Wie geht's denn so?«

»Danke, John, gar nicht übel. Und dir?«

Nachdem auch das Befinden der Familie und das wunderbare Maiwetter erörtert worden waren, erkundigte sich der Wirt: »Wie steht es mit eurem Kriminalfall?«

»O je, das geht wirklich sehr langsam voran. Woher weißt du überhaupt Bescheid?«

John lachte. »Ich weiß nur, was in der Zeitung stand: *Amerikanische Touristin erschlagen aufgefunden, Bill Garvey verhaftet.* Das ist alles. Und weil Bill Garvey dein Schwiegersohn war, interessiert es mich.«

»Ich rede natürlich nicht gern darüber, aber mit dir ist das etwas anderes. Also pass auf: Es war so …«

Daniel blätterte in den Broschüren, die er sich im *Tourist Office* geholt hatte, trank seinen Tee und spitzte die Ohren. Von einem Mordfall hörte man nicht alle Tage. Und da er über eine lebhafte Fantasie verfügte, konnte er sich hinzudenken, was nicht wörtlich erwähnt wurde.

In der Polizeistation Dingle klingelt das Telefon. Eine verstellte Männerstimme sagt: »Im Normannenturm in Ballyferriter ist eine amerikanische Frau umgebracht worden. Der Mörder ist wahrscheinlich noch in der Nähe.« Im nächsten Moment ist die Leitung tot.

Der Polizist starrt erstaunt den Telefonhörer an. Mord? Hier im ländlichen Westen? Aber natürlich kann man so eine Meldung nicht ignorieren! Schließlich ist es schon denkbar, dass mit den vielen Touristen auch das Böse aus der großen weiten Welt nach Dingle kommt. Er funkt also den Streifenwagen an, der sich zum Glück gerade ganz in der Nähe von Ballyferriter befindet.

Die beiden Beamten können es ebenfalls nicht glauben. Immerhin machen sie sich sofort auf den Weg. Das letzte Stück müssen sie laufen und den Wagen stehen lassen, eine Straße gibt es hier nicht mehr. Als sie sich der Ruine nähern, erblicken sie einen Mann, der panisch davonrennt. Sie verfolgen ihn; er rutscht einen kleinen Hang hinunter bis in den Bach, wo sie ihn festnehmen.

Er wehrt sich nicht weiter. Sie legen ihm Handschellen an und kontrollieren nun den Turm. Darin liegt tatsächlich eine tote Frau, offensichtlich vor kurzer Zeit erschlagen. Wie sich später herausstellt, ist sie wirklich aus Kalifornien. Von einer Mordwaffe keine Spur.

Der Verhaftete heißt Bill Garvey und stammt aus Cork, lebt jedoch in der Gegend und war mit Pats Tochter verheiratet. Er hat zwei Abende hintereinander im Pub mit der allein reisenden Amerikanerin gescherzt und geflirtet – es scheint Bills Spezialität zu sein, Touristinnen zu »unterhalten«. Erst nach längerem Leugnen gibt er zu, mit ihr in der Ruine verabredet gewesen zu sein. Seiner Aussage nach – und dabei bleibt er – war sie jedoch schon tot, als er ankam.

»Scheint doch alles sonnenklar zu sein«, bemerkte der Wirt.

Der andere wiegte den Kopf. »Ein paar Unstimmigkeiten gibt es wohl. Was genau, konnte ich allerdings noch nicht erfahren. Irgendwas im Zusammenhang mit einem Telefon …«

»Was denkst du, Pat? War er's? Deiner Colleen gegenüber hat er sich doch auch mies genug verhalten.«

»Das stimmt. Aber ganz ehrlich: Ich trau es ihm nicht zu. Er war ja stocknüchtern, und in nüchternem Zustand war er immer ein netter Kerl. Es muss irgendwie anders gewesen sein. Wenn man nur wüsste, wie!«

Wenig später hatte Pat seinen Kaffee ausgetrunken und verabschiedete sich.

Jetzt hatte der Wirt Zeit. Daniel nutzte die Gelegenheit und sprach ihn an: »Hallo, ich habe vor, eine Zeit lang in der Gegend zu bleiben und suche einen Job. Sie brauchen nicht zufällig einen Barmann oder eine Bedienung?«

Der Wirt maß ihn mit einem prüfenden Blick. »Die Leute bei mir arbeiten alle seit Jahren hier. Ich stelle höchstens Ende Juli noch ein, zwei Aushilfen für ein paar Wochen ein. Wie heißt du?«

»Daniel Winter.«

»Ich bin John. Hallo, Daniel«, grüßte der Wirt und gab ihm die Hand. »Bei uns würde man Danny sagen. Hast du denn Erfahrung als Barmann?«

Es gefiel Daniel sehr, wie selbstverständlich man sich in Irland auf die Anrede mit Vornamen beschränkte. Seit er vor zwei Tagen mit der Fähre in Dublin angekommen war, hatte er das schon häufiger beobachtet. Er lachte.

»Ich habe zuletzt in London acht Monate lang in einer Kneipe gearbeitet. Die hatten sogar Guinness; das kann ich also auch zapfen. Und in vier anderen europäischen Ländern habe ich ebenfalls bedient.«

»Und aus welchem Land stammst du ursprünglich? Holland?«

»Bin deutsch.«

»Aha. Du kommst ziemlich herum, was?«

Er zuckte die Schultern. »Ich bin eigentlich Maler, aber Geld verdient sich leichter im Pub ...«

»Maler, ach so. Da wird es dir hier gefallen, Danny. Künstler gibt es haufenweise auf der Halbinsel.«

»Ja, es ist auffallend schön, das hab ich unterwegs bei der Busfahrt festgestellt. – Also, John, bei dir finde ich keinen Job? Ich kann ja nicht zwei Monate warten.«

John lächelte. »Bei mir nicht, leider. Aber wenn du nicht unbedingt im Städtchen bleiben willst, wüsste ich etwas für dich. Es ist draußen im Westen, ein kleines Pub. Der Besitzer ist ein Verwandter.«

»Gern, warum nicht? Wo genau?«

Der Wirt hatte bereits sein Telefon in der Hand und wählte. Daniel hörte geduldig zu, wie über Befinden und Wetter gesprochen wurde, und wie daraufhin sein Fall zur Sprache kam.

»Also gut, ich schick ihn dir. Bis bald mal, Tom.«

Zwei Stunden später saß Daniel wieder in einem Linienbus und reiste noch weiter nach Westen. Er war mit einer guten Wanderkarte ausgerüstet, denn die malerischsten Punkte lagen meist abseits von den Straßen. Obwohl – er konnte sich fast keine noch interessanteren Stellen ausmalen, als er von hier aus bereits sah: Immer schmaler wurde die Fahrbahn, die sich zwischen Felswänden und dem steilen Abhang zum Meer vor ihnen hinschlängelte. Der Platz reichte nicht für zwei

Fahrzeuge, deshalb musste bei Gegenverkehr einer rückwärts manövrieren, bis er eine Ausweichstelle fand, die breit genug war. Daniel bekam eine angenehme Gänsehaut, wenn er beim Blick aus dem Fenster tief unten neben sich den Atlantik sah und ihn nichts von dem Abgrund zu trennen schien; der Busfahrer und die paar anderen Insassen ertrugen es gelassen. Einheimische, nahm er an. Später weitete sich das Küstenland, und nach jeder Kurve eröffnete sich eine neue überwältigende Aussicht – er freute sich schon darauf, dies alles zu malen. Und war es nicht witzig, dass sein Ziel ausgerechnet Ballyferriter hieß? Der Ort mit dem Mord im Normannenturm?

Am selben Abend arbeitete er bereits in Murphy's Pub zusammen mit Tom Murphy, dem Wirt. Er hatte einen Job.

Eine Unterkunft hatte er nicht, aber er durfte vorläufig im sogenannten *Snug* schlafen, sagte Tom. Manche von den alten Pubs haben das noch: Es ist ein kleines Abteil direkt neben der Theke. Durch eine Durchreiche kann man die Vorgänge im Lokal im Auge behalten. Für den Fall jedoch, dass man sich ungesehen und ungestört betrinken will, gibt es ein Schiebefenster, das man zuziehen kann. Und die Tür zum Gastraum lässt sich ebenfalls schließen. Das *Snug* ist in der Regel mit ein, zwei hölzernen Bänken möbliert. Und die eine hier in Murphy's war zum Glück lang genug, um darauf zu schlafen. Sonderlich breit war sie nicht, aber nach acht Stunden Bardienst machte das Daniel nicht mehr viel aus. Verwöhnt war er nicht.

»Schlampe!« Der Mann drehte sich zum Tresen um und fixierte Daniel. Er hatte offenbar schon einige Biere intus, denn er musste sich schwer auf seinen Ellenbogen stützen, um nicht ins Wanken zu geraten. »Zsabf mir noch'n Pint, Boy«, verlangte er.

Daniel zog eine Augenbraue hoch. Die Anrede nahm er dem Kunden nicht weiter übel, er war jedoch nicht ganz sicher, ob sein Gegenüber noch mehr trinken sollte. Fragend schaute er zum Wirt hinüber, der in der Ecke an der Bar saß. Es war erst Daniels dritter Tag im Pub, daher kannte er weder alle Gepflogenheiten noch alle Stammgäste.

Tom Murphy maß den Gast mit einem scharfen Blick und nickte dann seinem neuen deutschen Barmann bestätigend zu. Also füllte dieser sorgsam ein Pintglas zu zwei Dritteln mit dem schwarzen Guinness. Während er es abstellte, damit sich das Bier setzen konnte, studierte er den Fremden.

Zwischen vierzig und fünfzig vielleicht, schwer zu sagen. Unter der Tweedkappe lugten dunkle Haare hervor. Das Gesicht war wie bei so vielen irischen Bauern zerfurcht und wettergegerbt. Seine wässrig blauen Augen hatten etwas Probleme beim Fokussieren, wie es schien. Die Joppe hatte schon bessere Zeiten gesehen, aber das fiel nicht aus dem Rahmen, denn die meisten Gäste hier legten wenig Wert auf ihre äußere Erscheinung.

Der Mann schüttelte den Kopf. »Schlampe,« wiederholte er. »Hopst hier rum, als wär alles in

Ordnung! Dabei is ihr Alter im Knaschd. Knast, mein ich.«

Sein Nachbar, ein Stammgast, den Daniel schon kannte, meinte besänftigend: »Schau, Mike, er ist ja gar nicht mehr ihr Mann. Sie ist geschieden. Außerdem ist Untersuchungshaft schließlich nicht das Gleiche wie Zuchthaus.«

Daniel hörte genau hin. Da ging es doch um »seinen« Mordfall? Welche Frau meinte dieser Mike denn?

Doch der wischte die Bemerkung vom Tresen. »Noch schlimmer! Geschieden! Phhh.« Er wandte sich wieder Daniel zu, der inzwischen das Bierglas fertig gefüllt hatte.

Während er einen Fünfer aus der Tasche zog, brummte der Mann unversöhnlich: »Unnabnds zieht se nich mal die Vorhänge zu in ihr'm Schlaf... ssimmer ... das Luder!«

Daniel händigte ihm das Wechselgeld aus und bediente weitere Kunden. Heute ging es deutlich lebhafter zu in der kleinen Kneipe als an den letzten Tagen. Freitags genossen offensichtlich viele Dorfbewohner einen Abend im Pub. In der Ecke hockten zwei Musiker mit Geige und Knopfharmonika und spielten Polkas und *Reels* und *Jigs*, dass einem die Füße zuckten.

Eine Gruppe gab sich jedoch nicht mit leichtem Zucken zufrieden. Acht Leute hatten sich paarweise aufgestellt und tanzten komplizierte Figuren. Das Ganze erinnerte Daniel an Square Dance, den er im Fernsehen schon häufiger gesehen hatte. Die Tänzer amüsierten sich gottvoll – und ihre

Lebensfreude steckte an. Bald versammelte sich ein Kreis um sie, und klatschte lebhaft mit oder feuerte sie mit Juchzern an. Eine der Tänzerinnen musste die unfreundlichen Bemerkungen des Betrunkenen ausgelöst haben – aber welche?

Insgesamt waren es fünf. Zwei tanzten miteinander, die konnten wohl nicht gemeint gewesen sein. Eine andere war ziemlich alt, sicher weit über sechzig, nahm Daniel an, obwohl sie nicht weniger übermütig herumsprang als die anderen. Eine tanzte ganz eindeutig mit ihrem Ehemann; die konnte es auch nicht sein. Blieb also noch eine der Damen. Wie eine Schlampe, wie der Fremde sie abwertend genannt hatte, wirkte sie allerdings überhaupt nicht.

Ihre dunkelroten Haare fielen über das einfache hellgraue T-Shirt. Bei jedem Tanzschritt hüpfte die dichte Lockenpracht genauso fröhlich wie die Frau selbst. Eine Frau? Ein Mädchen? Das Alter war aus der Entfernung schwer zu schätzen. Die Gestalt schien jedenfalls recht zierlich, und groß war die Tänzerin auch nicht. Aber ihre Lebenslust reichte für drei.

Daniel beobachtete sie fasziniert, so oft er einen Augenblick dazu fand. Er hätte sie gern zeichnen wollen, bloß fand er heute wirklich keine freie Minute. Zapfen, leere Gläser von den Tischen einsammeln, vorspülen und in die Maschine stellen, Eiswürfel aus dem Kühlraum holen, den Korb mit Leergut in den Hof schleppen – er war gut ausgelastet. Gerade bestellte wieder jemand ein Bier: Es war der uralte Mann, der jeden Abend auf einem Barhocker saß und erst drei Tassen Kaffee trank, bevor er sich zum krönenden Abschluss ein Pint gönnte.

»Zeit für mein Guinness«, schmunzelte er. Offenbar hatte er gesehen, wohin Daniel so interessiert schaute, denn er fügte hinzu: »Ordentliches Mädel, die Colleen. Hat's nicht leicht gehabt mit ihrem Bill. Nein, nein, gar nicht leicht.«

So, sie hatte also durchaus auch Verteidiger. Daniel stellte das Bier auf die Theke und meinte: »Colleen, hübscher Name. Heißt das nicht so viel wie Mädchen auf Schottisch, Brian?«

»Nicht nur auf Schottisch, Danny. Auf Irisch bedeutet es nichts anderes.« Er lachte in sich hinein. »Und hat der Name nicht gut gepasst, als nach drei Söhnen endlich eine Tochter bei den McDonnells geboren wurde?«

Daniel musste zugeben, dass es in dem Fall wirklich sehr gut passte. Er hätte gern noch etwas mit dem alten Original geplaudert, aber nun steuerte schon wieder der andere Mann auf die Theke zu. Inzwischen hatte dieser die Kontrolle über seine Beine weitgehend verloren.

Bevor er jedoch eine Bestellung lallen konnte, rutschte Tom Murphy von seinem Hocker in der Ecke herunter. Der Wirt ging zu dem Betrunkenen, legte ihm sanft einen Arm um die Schultern und sagte: »Du hast jetzt genug, Mike Flanahan. Denk auch an das viele Geld. So billig wie vor zehn Jahren sind die Pints ja auch nicht mehr …« Damit führte er ihn freundlich, aber bestimmt zum Ausgang.

Aha, so wurde das Problem also hier behandelt. Ohne Schimpfen, ohne Geschrei – es gefiel Daniel, und er merkte es sich. Ab nächster Woche würde Tom Murphy nicht mehr in der Ecke sitzen, sondern zu Hause. Das hatte er ihm heute bei Arbeitsantritt verkündet. »Du kommst schon allein klar, Junge. Machst deine Sache gut, wie ich gesehen hab. Ab Montag bleib ich abends daheim vor dem Fernseher.«

Um viertel vor zwölf knipste Daniel das Licht dreimal aus und wieder an. »*Last call*, Leute«, rief er mit seiner klangvollen Stimme in die Runde.

Nun wurde es noch einmal geschäftig an der Theke, aber schließlich waren auch die letzten Gäste gegangen. Während er Gläser und Flaschen einsammelte, die Tische grob abwischte, die Hocker darauf stapelte und dann den Boden kehrte, schenkte der Wirt zwei Guinness ein.

»Hier, Danny, mein Junge. Du musst ja einen Riesendurst haben nach all dem Leitungswasser! *Sláinte* – zum Wohl.«

Durst konnte man es nicht wirklich nennen. Während der Arbeitszeit genügte ihm Wasser oder Tee, und davon hatte er reichlich zu sich genommen. Bloß, wenn man den ganzen Abend anderen beim Trinken zusah, bekam man schon auch selbst Lust auf Bier.

»Danke, Tom! *Sláinte!* Oh, du hast ein Kleeblatt in den Schaum gezeichnet, sieht gut aus!« Tatsächlich prangte in dem festen weißen Schaum der Umriss eines Shamrock-Blattes, der irischen Nationalpflanze.

Tom Murphy lachte. »Früher hat das einfach dazugehört. Ein Pint Guinness ohne Shamrock zu zapfen wäre unhöflich gewesen. Heutzutage mach ich's nur noch, wenn ich gute Laune hab.«

Daniel nahm sich vor, das schnell zu lernen. Es dürfte ihm als Maler nicht schwer fallen, mit dem Zapfhahn das Bildchen in den Schaum zu zeichnen.

»Heut schläfst du noch mal im *Snug*, oder?«, erkundigte sich der Wirt.

»Falls ich darf, ja. Ich bin wirklich dankbar für die Möglichkeit. Muss jetzt ernsthaft auf Quartiersuche gehen …«

»Ich hab dir ja gesagt, dass ich vielleicht was für dich finde. Sie ist am Nachmittag zurückgekommen, da kann ich morgen fragen. Ich weiß, dass sie ein Zimmer zu vermieten hat, und gefallen wird es dir wohl auch.«

»Prima!«, freute er sich, auch wenn er nicht wusste, wer mit »sie« gemeint war. »Besonders anspruchsvoll bin ich sowieso nicht.«

Nein, er stellte wahrlich keine großen Ansprüche, dachte Daniel zufrieden, als er sich später im *Snug* in seinen Schlafsack wickelte.

2

Er wachte auf, weil jemand ein trauriges irisches Lied sang. Eine Frau, mit einer wunderschönen dunklen Stimme. Verdutzt setzte sich Daniel auf der harten Bank auf. Hatte er etwa die Öffnung des Pubs verschlafen? Das konnte ja kaum sein, schließlich machten sie erst um zwölf auf. Er lauschte.

Möbel wurden gerückt, Hocker polterten. Dann näherten sich Schritte, und die Frau trat hinter die Bar. Ein Eimer knallte in die Spüle, der Wasserhahn wurde aufgedreht. Jetzt fiel Daniel wieder ein, dass Tom Murphy seine Aushilfe erwähnt hatte. War sie nicht im Urlaub gewesen? Offenbar war sie zurück.

Wenn sie Daniel im *Snug* entdeckte, würde sie einen ordentlichen Schreck kriegen. Das wollte er ihr ersparen, also räusperte er sich ausgiebig, während er aufstand und zur Durchreiche trat.

»Jesses!«, sagte sie und schlug die Hand vor den Mund. »Bin ich jetzt erschrocken! Was machst du denn hier? – Ach, du bist ja der neue Barmann, hab dich gestern gesehen.«

Ja, er hatte sie auch gesehen: Sie war die Tänzerin vom Abend zuvor.

Sie hatte ihn prüfend gemustert. Jetzt streckte sie ihm die Rechte hin. »Ich bin Colleen.«

»Und ich heiße Daniel, Danny.« Er schüttelte ihre Hand. Dass in Irland kein Mensch seinen Familiennamen nannte, hatte er inzwischen gelernt.

Sie brach in helles Lachen aus. »Danny? Ausgerechnet! Das eben war aber nicht so gemeint, nimm's nicht persönlich.«

Er war vollkommen verwirrt. »Wovon redest du denn? Ich versteh kein Wort.«

Anstatt einer Antwort begann sie wieder, ihr trauriges Lied zu singen: *»Oh Danny boy, the pipes, the pipes are calling from glen to glen and on the mountain sides ...«*

»Ach so ... äh, ich hab's vorhin gar nicht erkannt.«

Sie lachte wieder. »Sing ich denn so schlecht?«

»Nein, nein, du singst wunderbar. Bloß, ich bin kein Ire. Ich komm aus Deutschland.«

»Aus Deutschland?«, rief sie aufgeregt. »Woher denn da? Alle meine drei Brüder arbeiten in Heidelberg, und ich war schon zweimal zu Besuch dort. Deutschland finde ich wunderbar.«

»Na, ich stamme aus Wasserburg, einem Ort in der Nähe von München.«

»Das kenne ich nicht. Wasser-Burg – das heißt *water castle*, stimmt's? Ich kann ein bisschen Deutsch: Auf Wiedersehen, gute Nacht! Was wollen Sie essen? Ein Schnitzel, bitte.«

Nun lachte Daniel auch. »Guten Morgen müsste es jetzt wohl besser heißen.«

»Guten Morgen«, wiederholte sie fröhlich und fuhr auf Englisch fort: »Du hast hier geschlafen, nicht? Soll ich dir einen Kaffee machen? Ich kann dir auch ein Sandwich geben, hab heut zwei dabei.«

Er akzeptierte das großherzige Angebot dankbar. Dann zog er in der Ecke seine Jeans an und wanderte einigermaßen verwirrt mit seinem Waschbeutel, einem frischen T-Shirt und einer Unterhose unterm Arm auf die Herrentoilette, um sich zu waschen.

Diese Colleen … Sie war wie ein Frühlingswind, kapriziös und temperamentvoll. Wenn sie lächelte, strahlte ihr ganzes Gesicht. Sie hatte einen großzügigen Mund mit vollen Lippen und ein paar feine Sommersprossen auf der Nase. Dazu die geheimnisvollen Augen … Wieso geheimnisvoll? Als Maler ging er Wirkungen gern auf den Grund. Vermutlich eine Kombination von Form und Farbe. Ihre Augen waren länglich wie bei einer ägyptischen Prinzessin, aber intensiv grün. Dunkle Wimpern, auch ohne Mascara. Das tiefe Rot der Lockenpracht hielt Daniel ebenfalls für echt.

Er riss sich zusammen. Es war ja wohl lächerlich: Da wusch er sich im Herrenklo eines Wirtshauses und sinnierte über die kosmetischen Tricks einer Putzfrau nach!

Kaltes Wasser am Morgen fand er zwar grausam, aber warmes gab es eben nicht. Wurde wirklich Zeit, dass er wieder in geordnete Verhältnisse kam. Wäsche zum Wechseln hatte er nun auch keine mehr, und so etwas Raffiniertes wie einen Waschsalon hatte er in Ballyferriter bisher nicht entdeckt.

Schon kehrten seine Gedanken zu Colleen zurück. Freundlich, offen und hilfsbereit! Wie sie gleich angeboten hatte, ihr Frühstück mit ihm zu teilen! Und gute Nerven schien sie zu haben – was hätte wohl eine deutsche Putzfrau in so einer Situation gesagt und getan? Wahrscheinlich wäre sie schreiend geflüchtet ... Aber in Irland schien sich niemand so leicht zu fürchten. Vielleicht gab es einfach weniger böse Menschen. Außer einem Mörder, fiel ihm ein. Und wie war das noch gewesen? Der Tatverdächtige musste ja wohl ihr Exmann sein. Also war der Pat, der mit dem Wirt in Dingle über den Fall geredet hatte, Colleens Vater.

Ganz jung war sie nicht mehr, vielleicht dreißig, schätzte er. Zur Arbeit hatte sie ihr wildes Haar mit einem dunkelgrünen Tuch aus dem Gesicht gebunden. Sie sah aus wie eine Waldfee – er musste sie unbedingt fragen, ob er sie malen durfte!

Er rieb sich mit seinem schäbigen Handtuch ab und zog sich an. Das Tuch hängte er über einen Stuhl in der überdachten Raucherecke hinter dem Pub. Wenn er Glück hatte, trocknete es, bevor die Kneipe aufmachte, sodass er es wieder in den Rucksack packen konnte.

Sie hielten ihr improvisiertes Frühstück im Hinterzimmer, weil im Hauptraum der Boden nass war. Colleen arbeitete so flott, wie sie redete. Beim Essen konzentrierte sie sich jedoch auf das belegte Brot. Sie schien hungrig zu sein.

Daniel sagte nach einer Weile: »Du hättest bestimmt das zweite Brot auch noch vertragen. Tut mir fast leid, dass ich es dir weggefressen habe.«

Colleen grinste. »Ich hätt's schon verdrückt, doch nötig ist es nicht. Normalerweise frühstücke ich natürlich daheim. Aber freitags übernachten die Kinder bei meinen Eltern und bleiben bis Samstagnachmittag; da schlaf ich aus und bring mir was mit zur Arbeit.« Auf seinen Blick hin erklärte sie: »Orla ist sieben und Brid fünf.«

»Zwei Mädel! Das muss schön sein. Oder hättest du lieber einen Sohn?«

»Kinder nimmt man, wie sie kommen. Und ich find zwei Töchter prima, das stimmt schon.«

Etwas bedauernd stapelte Daniel die Teller und Tassen aufeinander, um sie drüben in den Spülautomaten zu räumen. »Ich muss los. Hoffentlich finde ich heut was.«

Obwohl er den zweiten Teil nur für sich selbst gemurmelt hatte, reagierte Colleen sofort. Sie musste Ohren wie ein Luchs haben. »Was suchst du denn?«

»Oh, eine Unterkunft, ein Zimmer. Ich kann schließlich nicht auf Dauer im *Snug* wohnen.«

»Nein«, lachte sie, »das wäre doch etwas unbequem.«

Er zuckte die Schultern und rollte seinen Schlafsack zusammen. Dann trug er seine Sachen in die abgesperrte Kammer, wo sie sich den Platz mit zwei Gitarren, einem dreibeinigen Tisch, uralten Regalen voll Gerümpel und der Putzausstattung teilten.

Colleen beobachtete ihn aufmerksam. Ihre grünen Augen blickten ausnahmsweise völlig ernst. Er schaute sie fragend an.

Sie sagte: »Ich habe ein Zimmer frei. Mit eigenem Bad sogar.«

»Was? Wirklich?« Dann dämmerte ihm ein Zusammenhang. »Ach, Tom Murphy hat gesagt, er kennt da wen ... es war eine Frau, und sie war verreist, heute wollte er sie fragen ... Bist du das?«

»Na, ich habe natürlich keine Ahnung, an welche Frauen Tom Murphy denkt, aber er weiß, dass ich einen Mieter suche. – Willst du es sehen?«

Zwanzig Minuten später fuhr Colleen mit ihrem alten Pick-up zurück zur Arbeit. Sie putzte nicht nur in Murphy's Pub, sondern sperrte auch um zwölf auf und bediente bis fünf.

Daniel blieb zurück als frischgebackener Mieter eines wunderbar geräumigen Zimmers mit – es war unglaublich – Blick auf die malerische Ruine eines Turms. Das konnte nur der bewusste Normannenturm sein, oder?

Er würde pro Woche neunzig Euro zahlen; das war ein anständiger Preis, vor allem, weil Frühstück inbegriffen war und er Küche und Wohnzimmer mitbenutzen durfte. Davon würde er gleich heute noch Gebrauch machen, aber zuerst musste er zur Küste hinunter und ein paar Gemälde planen.

Um fünf löste er Colleen im Pub ab. Er bedankte sich noch einmal für das Zimmer und sagte, er fühle sich sehr wohl in ihrem Haus. »Ich habe mein Zeug gewaschen und aufgehängt. Bloß schaut es gerade nach Regen aus.«

»Das kommt bei uns schon mal vor«, lachte sie. »Ich hol die Wäsche notfalls rein. – Wie bist du denn hergekommen?«

»Na, mit dem Bus von Dublin nach Tralee, und dann ...« Er unterbrach sich, weil sie den Kopf schüttelte, während sie mit beiden Händen wedelte.

»Vom Haus zum Pub, meine ich«, sagte sie.

»Ach so. Zu Fuß. Weit ist es ja nicht, vielleicht zwei Kilometer, und immer schön bergab.«

»Anderthalb Meilen, ja. Ich kann dir ein Fahrrad leihen, wenn du magst. Heimwärts musst du es halt schieben, wo es zu steil ist.«

»Wirklich? Das Angebot nehme ich sehr gern an. Vielen Dank!«

Im Pub war um die Zeit kaum etwas los. Zwei Männer saßen in der Ecke und unterhielten sich, sonst gab es keine Gäste. Deshalb machte sich Daniel daran, in der Kammer Ordnung zu schaffen; das konnte bestimmt nicht schaden. Zuerst stapelte er all den Plunder auf die Regale, damit der Boden frei wurde. Er kehrte den groben Schmutz zusammen, dann holte er sich einen Eimer heißes Wasser.

Die beiden Gäste hatten fast ausgetrunken und bestellten bei der Gelegenheit noch ein Bier. Während es sich setzte, polierte er ein paar Gläser. Dabei kam er nicht umhin, Gesprächsfetzen ihrer Unterhaltung mit anzuhören – Daniel besaß ein sehr feines Gehör.

»... was Neues vom Garvey?«

»Gib acht ...«

»Ach was, der ist ja fremd hier; der weiß nicht Bescheid.«

Daniel schloss aus den Blicken der beiden Männer, dass sie nun von ihm redeten. Er bemühte sich also, völlig unbeteiligt zu tun, als sei er vollkommen darauf konzentriert, eventuelle Spülmittelflecken von den Gläsern abzureiben.

»... wohnt aber bei ihr.«

Das war ja interessant! Es ging offenbar um Colleen. Und sie schauten so geheimnisvoll drein wie zwei Verschwörer. Was gab es da zu besprechen? Sicher ging es um den Mordfall!

Daniel lieferte den beiden ihre Pints, was gegen die Gepflogenheiten war. Normalerweise holte sich jeder selbst, was er trinken wollte, und es wurde auch sofort bezahlt. Die Stammgäste freuten sich jedoch über gelegentlichen persönlichen Service. Er nahm das Geld in Empfang, tippte den Betrag in die Kasse ein und brachte das Wechselgeld zurück.

»Wenn ihr was braucht oder jemand kommt, ruft einfach laut. Ich bin da drin beschäftigt«, sagte er und nickte zur Kammer hinüber, bevor er mit Eimer und Lappen darin verschwand.

Daniel gehörte nicht zu den Leuten, die Gespräche von Fremden belauschen. In diesem Fall aber wollte er so viel wie möglich erfahren. Schließlich hatte er bei Colleen ein Zimmer gemietet, und aus seinem Fenster konnte er direkt auf den Tatort blicken.

Der Lichtschein von innen fiel deutlich über den dunklen Flur, wie er merkte. Deshalb ließ er absichtlich die Tür lautstark zufallen, worauf er das Licht ausknipste. Dann drückte er leise die Klinke wieder hinunter und zog die Tür einen Spaltbreit auf. Nun verriet ihn die Lampe nicht mehr, und er konnte alles hören; die Gäste saßen ja gleich um die Ecke.

»... wieder verschoben worden. Wird wohl nichts vor August.«

»Warum dauert das denn so lang? Ist es nicht ziemlich eindeutig?«

»Na, er leugnet. Es scheint auch Widersprüche zu geben. Mein Neffe ist ja bei der Polizei in Limerick, wo Billy in Untersuchungshaft sitzt. Er hat mir gesagt, dass alles am Mobiltelefon von der Amerikanerin hängt.«

»Die er umgebracht hat?«

»Jaja ... wenn er es wirklich war. Jedenfalls hat sie natürlich ein Handy gehabt, so ein modernes, weißt du, was ich meine?«

»Klar, so eins zum Wischen. Sieht man ja jetzt überall.«

Daniel in seiner dunklen Kammer grinste. Die Verachtung war nicht zu überhören.

»Eben. Bloß das Ding ist weg, und keiner kann es finden.«

»Na und? Sie hat es halt nicht dabeigehabt.«

»Unsinn. Du kennst doch die Amerikaner. Die trennen sich nicht von ihrem Telefon. Genauso wenig wie unsere jungen Leute übrigens ... Außerdem hätte es ja dann bei ihren Sachen in der Pension auftauchen müssen.«

»Hm, komisch ist es schon.«

Der andere lachte in sich hinein. »Gerade so komisch, wie wenn drei Menschen miteinander in der Kneipe sitzen und dabei auf ihren Handys rumwischen. Da könnten sie auch daheimbleiben, oder?« Nun lachten beide, und die Unterhaltung wandte sich den Eigenarten der modernen Kommunikation zu.

Daniel zog die Tür lautlos ins Schloss. Das also war das Problem mit dem Telefon. Pat hatte es am Mittwoch gegenüber John auch erwähnt. Aber so entscheidend konnte doch der Umstand nicht sein, dass eine Frau ihr Handy nicht bei sich trug? Es gab ja viele mögliche Erklärungen dafür. Seltsame Angelegenheit.

Er machte das Licht wieder an und wischte den Boden, dann öffnete er die Tür weit, damit alles trocknen konnte, und begab sich wieder auf Posten hinter der Bar. Bald tauchten einige Ansässige auf, um an der Theke ihr Vorabend-Pint zu genießen, und ein paar Gruppen Touristen aus den Ferienwohnungen versammelten sich um die kleinen Tischchen im Hintergrund.

Daniel freute sich, dass er inzwischen allgemein bekannt und offenbar auch akzeptiert war. Von einigen wusste er, wie sie hießen und was sie für gewöhnlich tranken.

»Ein Lager, Jim?«

»Freilich, Danny. Wie geht's?«

»Gar nicht so schlecht. Dir selbst?«

»Geht schon, geht schon. Dir gefällt's bei uns, scheint mir, wohnst ja jetzt bei der Colleen, nicht?«

Ein bisschen wunderte er sich ja, wie schnell Neuigkeiten hier die Runde machten, aber auf dem Land war das wohl so.

»Ja, hab ein Zimmer gemietet bei ihr.« Daniel wollte das klarstellen; bei jemandem zu wohnen konnte schließlich auch anders gedeutet werden. Er fügte grinsend hinzu: »Jetzt bin ich ein Hiesiger.«

Jim wiegte den Kopf. »Weißt du, Danny, das kannst du gar nicht werden, nicht einmal durch Einheirat. Verstehst du, es gibt drei Stufen …«

»Vier, Mann«, mischte sich ein anderer ein, und wandte sich an Daniel, um zu erklären. »Also, es gibt Hiesige. Die sind hier geboren, und eigentlich müssen auch ihre Eltern schon hier geboren sein. Dann gibt es Hergewehte. Das sind solche, die seit vielen Jahren hier wohnen.«

»Eben, Martin«, meinte nun wieder Jim, »und dann gibt's noch Touristen.«

»Du vergisst die Besucher. Die kommen regelmäßig her, weil es so schön ist.«

»Richtig, die Besucher. Ja, die hab ich vergessen«, gab der andere gutmütig zu.

Daniel fragte: »Also bin ich ein Hergewehter?« Er fand den Ausdruck ziemlich passend. Das schien jedoch allen ein wenig zu schnell zu gehen. In einem Zeitraum von Mittwoch bis Samstag konnte man unmöglich eine derartig angesehene Position erringen, meinten die meisten.

»Schau bloß mal Molly an«, sagte Jim und nickte zum Eingang, als eine ältere Frau das Lokal betrat.

»Was gibt's da zum Anschaun, du Trampel?«, erkundigte sie sich und bestellte Gin Tonic.

»Ich meine doch nur als leuchtendes Beispiel. Wir erklären gerade unserem Jungen hier die Einwanderungsstufen, weißt du. Siehst du, Danny, Molly ist vor vierzig Jahren aus England gekommen, und erst letztes Jahr haben wir sie zur Hergewehten erhoben.«

Die Frau gab Jim einen freundschaftlichen Rippenstoß. »Du hast recht, mein Lieber, und wer recht hat, zahlt.« Sie lachte laut auf.

Bald füllte sich das kleine Pub, und Daniel kam ordentlich ins Schwitzen. Es war trotzdem einfacher als in Deutschland zu bedienen, denn man musste nicht hin- und herlaufen. Vor allem zahlte jeder sofort, was einem das leidige Aufschreiben und Zusammenzählen ersparte.

Den ganzen Abend lang aber freute er sich auf die Nacht in seinem gemütlichen Bett mit einer weichen Matratze, einem richtigen Kopfkissen und einer frisch bezogenen Decke. Die harten Zeiten auf der Bank waren vorbei!

3

Colleen betrat ihr Haus durch die Hintertür und schnupperte: Gemüseeintopf? War ihre Mutter mit den Kindern früher als sonst heimgekommen? Aber das Auto stand ja gar nicht im Hof. Sie schaute in die geräumige Wohnküche. Niemand da. Neugierig ging sie zum Herd, auf dem der große Topf stand. Da sah sie den Zettel auf der Arbeitsplatte.

Habe gekocht, hoffe ihr mögt Eintopf. Im Kühlschrank sind Kabanossi zum Reinschneiden – ich wusste nicht, ob jemand Vegetarier ist. Guten Appetit und schönen Abend!

Danny

Colleen staunte. Sie schöpfte sich eine kleine Portion in eine Schale und probierte. Hungrig war sie ohnehin. Es schmeckte so lecker, wie es roch.

Vielleicht war es ja etwas unüberlegt, einen wildfremden Mann in ihr Haus zu bringen, überlegte sie. Andererseits war sie schon immer spontan gewesen. Außerdem hatte Danny einen guten Eindruck gemacht, und auf ihre Menschenkenntnis konnte sie sich verlassen – jedenfalls abgesehen von dem Irrtum mit ihrem Exmann. Und schließlich brauchte sie dringend das Geld. Nun musste sie nicht mehr jeden Pfennig dreimal umdrehen.

Sie konnte sich durchaus eine weitergehende Abmachung vorstellen. Für weitere 25 Euro würde sie ihn mitverpflegen. Kochen musste sie sowieso, und ob drei oder vier Leute mitaßen, machte keinen großen Unterschied. Dazu wollte sie ihn jedoch zuerst ein wenig beobachten. Und vielleicht kochte er auch lieber selber, er konnte es offenbar. Sie sah sich kritisch in der Küche um, fand aber nichts auszusetzen. Die Arbeitsfläche war leer geräumt und abgewischt, die benutzten Utensilien standen ordentlich im Abtropfgestell, der Herd war sauber.

Sie fragte sich, was ihn wohl aus dem schönen Deutschland vertrieben hatte. Ob in dem kleinen Rucksack und dem Koffer all seine Habe steckte? Viel war das ja nicht gerade. Na, so mancher Fremde war in Ballyferriter schon mit wenig Besitz angekommen. Sie grinste, weil sie daran dachte, dass es früher die Iren gewesen waren, die aus Armut mit einem einzigen Koffer woanders hingezogen waren. Amerika, Neuseeland, Australien, Kanada ... Jetzt kamen Menschen von überallher wegen der Schönheit des Landes nach Irland und blieben.

Ob Danny wohl lang bleiben würde? Das wäre nett, und zwar nicht nur wegen der zusätzlichen Einnahmen. Einen Mann im Haus zu haben, bot durchaus noch mehr Vorteile. Schwere Sachen tragen, Holz hacken, klemmende Türen reparieren – obwohl sie all das notfalls selbst auch zustande brachte, würde sie sich gern hier und da helfen lassen. Natürlich hatte sie keine Ahnung, ob er für solche Dinge überhaupt Geschick zeigte; eigentlich wusste sie gar nichts über Danny. Bescheiden schien er jedenfalls zu sein. Das schlichte Zimmer hatte ihm gefallen, das einfache Bad mit Dusche fand er großartig, und dass das Fenster nach Norden ging, störte ihn kein bisschen. Den Blick auf den alten Normannenturm und den öden Hügel zog er dem Meerblick sogar vor, wie er behauptete.

Ja, er gefiel ihr gut, dieser junge Mann mit seiner ruhigen, besonnenen Art. Und wie warm seine Augen aufgeleuchtet hatten, als sie ihm das Sandwich angeboten hatte! Seltsame, verträumte Augen mit der Farbe von altem Whiskey ... Colleen lachte in sich hinein. Es war ja auch zum Lachen, dass sie derart romantische Vergleiche anstellte.

Sie deckte noch rasch den Tisch, bevor sie sich umzog und in den Garten ging. Hier gab es immer genug zu tun, und nun hatte sie ja Zeit, weil sie nichts kochen musste. Colleen kontrollierte in den zwei großen Folientunnels, was zum Ernten reif war, und überprüfte die Einstellung der empfindlichen computergesteuerten Bewässerungsanlage.

Dann jedoch stürzte sie sich in ihr neuestes Projekt, die Hochbeetanlage. Das Material lag bereit, der Boden war geebnet und weitgehend vom Unkraut befreit. Mit Metermaß und einem spitzen Stock bewaffnet übertrug sie den Plan von ihrer Skizze auf den Grund. Schwarze Plastikplanen sollten verhindern, dass von unten

Unerwünschtes durchwucherte. Das Zeug musste natürlich wasserdurchlässig sein, sonst würde man bei dem hiesigen Klima bald in den Beeten schwimmen können. Colleen machte sich keine überzogenen Hoffnungen – die dauernde Feuchtigkeit und die milden Temperaturen förderten nicht nur das Wachstum von Gemüse, sondern auch von Löwenzahn, Kriechendem Hahnenfuß und Ackerwinde. Aber eine Zeit lang mochte das Plastikzeug ja helfen. Sie breitete es also in der Ecke aus, wo sie beginnen wollte. Nun schleppte sie ein paar Gerüstplanken an und legte sie zum Beschweren auf die Folie. Aus denen wollte sie die Längsseiten der Beete machen. Für Kopf- und Fußende musste sie die Baudielen natürlich kürzen. Grübelnd stand sie vor dem Haufen Planken, den sie letzte Woche hatte liefern lassen. Das Problem war, dass die Dinger ziemlich dick waren, über vier Zentimeter. Das kriegte sie mit der Stichsäge nicht klein.

Sie zog ihr Mobiltelefon aus der Tasche und wählte eine Nummer. »Hi Noel, wie geht's?«

»Nicht ganz schlecht. Und dir, Colleen?«

»Prima, danke. Du, ich hab da ein Problem mit meinen Gerüstplanken.«

Nach einer ausgiebigen Erörterung, wofür sie die brauchte, wie sie sich das Ganze vorstellte und worin das Problem bestand, erklärte sich Noel bereit, ihr morgen Mittag eine geeignete Säge vorbeizubringen.

»Wunderbar. Morgen ist Sonntag, da hab ich frei. Das passt! Danke dir!«

»Ist schon recht. Bis dann!«

Da Noel Zimmermann war, hatte er bestimmt das richtige Werkzeug, und da er ein guter Freund noch aus Schultagen war, hoffte Colleen auch auf tatkräftige Unterstützung – diese dicken Bretter waren doch arg sperrig und unhandlich ...

»Mami!«

»Mama!«

Colleen strahlte übers ganze Gesicht, als ihre beiden Töchter um die Hausecke geschossen kamen und sich in ihre Arme stürzten, als wären sie wochenlang getrennt gewesen.

Während sie beim Wäscheabnehmen halfen, plapperten sie immerzu, oft sogar gleichzeitig. Bei der Oma hatte es zum Frühstück Pfannenkuchen gegeben, sie hatten gestern am Meer einen Seehund gesehen, und am nächsten Wochenende durften sie in Dingle ins Aquarium.

»Aber nur, wenn es regnet, hat Omi gesagt. Warum dürfen wir da nicht hin, wenn die Sonne scheint?« Brid fand die Einschränkung offenbar rätselhaft.

»Hach, du Dummi!« Ihre ältere Schwester verdrehte die Augen. »Wenn es schön ist, fahren wir doch mit dem Boot raus zu Fungi.«

Colleen fragte: »Ist das wahr? Will euch die Oma noch mal zu dem berühmten Delfin mitnehmen?«

»Ja!«, jubelten beide.

Dann erkundigte sich Orla: »Was sind denn das für Sachen? Diese Shorts sind doch viel zu groß für uns!« Sie studierte ein Paar blaue Unterhosen auf der Leine.

Colleen lächelte. »Die Wäsche gehört unserem Mieter. Ab heute wohnt ein Mann bei uns, und er wird auch immer mit uns frühstücken. Ich möchte, dass ihr sehr höflich zu ihm seid.«

Die siebenjährige Orla riss die blauen Augen auf. »Wo wohnt der denn? Im Gästezimmer?«

Da die Kinder diesen Raum als Spielzimmer benutzen durften, wenn kein Besucher darin wohnte, war ihr Unbehagen verständlich.

»Natürlich nicht. Er hat oben das freie Hinterzimmer ganz am Ende vom Flur.«

Auch Brid war skeptisch. »Höflich sein ... Müssen wir mit ihm spielen?« Sie erinnerte sich noch gut an den Besuch eines entfernten Cousins in der Weihnachtszeit, zu dem sie ebenfalls höflich sein mussten. Er hatte ihrem Kuschelhasen ein Ohr ausgerissen und war überhaupt ziemlich unerträglich gewesen. Glücklicherweise hatte Omi das Ohr wieder angenäht, und der Hase konnte nach der Operation genauso gut hören wie vorher.

»Nein.« Colleen schmunzelte. »Der ist doch schon erwachsen. Er will bestimmt nicht mit euch spielen. Höflich sein heißt, ihr sollt ihn in Ruhe lassen und immer freundlich grüßen. – So, und jetzt gibt es Abendessen. Wer von euch ist hungrig?«

Colleen war ehrlich müde, als sie die Kinder ins Bett brachte. Dennoch kürzte sie das Ritual nicht ab. Während die beiden in der Badewanne planschten, musste gesungen werden. Erst gemeinsam, und dann gab jede ein Solo, Colleen natürlich auch. Die Töchter hatten die reine Stimme ihrer Mutter geerbt, und besonders Orla konnte mit ihren sieben Jahren schon sehr ausdrucksvoll singen. Sie nahm seit Weihnachten auch *Tin-Whistle*-Stunden, denn sie liebte die Musik sehr und hatte schon seit Langem Flöte spielen wollen. Brid bevorzugte lustige Lieder, während ihre Schwester wehmütige Balladen mochte. Beim Badewannenkonzert gab es nur eine Regel: Die Lieder durften pro Monat höchstens einmal gesungen werden.

Wenn sie im Bett lagen, las Colleen ihnen immer vor. Heute war es wieder einmal die geliebte Geschichte vom schlafenden Riesen. Kein Wunder, dass sie ihnen am Herzen lag: Draußen vor der Küste lag ja eine Insel im Atlantik, die wie ein schlafender Mann aussah, und von der das Buch handelte.

»Ist das ganz wahr, Mami?«, fragte Brid und machte große Augen.

»Vielleicht«, lächelte Colleen.

»Also, ich hätte auch keine Angst vor dem Riesen«, murmelte die Kleine.

»Ich weiß. Du bist genauso tapfer wie Ann in dem Buch.«

Sie deckte die Kinder noch einmal gut zu und gab ihnen einen Gutenachtkuss. Orla hielt die Mutter ganz fest und wuschelte durch ihre Haare. Dabei fiel das Licht auf die feine Narbe, die sich vom Haaransatz zu Colleens Schläfe zog.

»Das war, wo du geblutet hast, Mama … Tut es jetzt nicht mehr weh?«

»Nein, Orla, schon ganz lang nicht mehr.«

»Nie?«

»Nein, nie mehr.«

Während Colleen später zwei Ladungen Wäsche wusch und Küche und Wohnzimmer putzte, ging ihr die Frage der Kleinen jedoch nicht aus dem Sinn. Seltsam, Orla spielte sonst auch oft mit ihren Haaren, kam aber nie auf die Narbe zu sprechen. Ob sie sich an jenen Nachmittag vor so langer Zeit überhaupt erinnerte? Bei der Hausarbeit wanderten Colleens Gedanken zurück …

Sie ist seit fünf Jahren verheiratet und hat zwei kleine Töchter. Dennoch ist sie sehr unglücklich.

Das Leben, das sie führen, ist hart – aber Landwirtschaft war noch nie ein einfaches Geschäft. Bill hat sich auf Rinder und Lämmer spezialisiert. Er kauft Jungtiere und mästet sie auf den Weiden, bis sie schlachtreif sind. Das erfordert seine stetige Präsenz. Die Tiere brauchen täglich Zusatzfutter, Zäune müssen kontrolliert und gewartet werden, ab und zu muss man die Herden auf ein anderes Stück Land treiben. Das ist alles in Ordnung. Colleen würde zwar lieber Gemüse anbauen oder wenigstens Biofleisch erzeugen, Bill ist jedoch anderer Meinung. Und obwohl der Hof streng genommen ihr gehört – es ist die Landwirtschaft ihrer Eltern –, hat Bill es irgendwie geschafft, sich langsam, aber sicher durchzusetzen. Viel Erfolg hat er nicht, das Geld ist dauernd knapp, und wenn die Viehpreise im falschen Moment sinken oder steigen, je nachdem, dann zahlt man sogar drauf.

Gut, gut. All das wäre kein wirklicher Grund zum Unglücklichsein. Seine Stimmungsschwan-

kungen dagegen schon eher. Aus dem optimistischen, charmanten, gut aussehenden Mann, den sie geheiratet hat, ist ein oft verdrossener, launischer, unbeherrschter Ehemann geworden. Nur an seinem Aussehen hat sich nichts geändert.

Mit all dem könnte sie wohl fertigwerden, er trinkt aber auch. Und wenn er viel getrunken hat, wird er gewalttätig. Dreimal ist nun schon passiert, was sie für unmöglich gehalten hätte: Bill hat sie geschlagen! Einmal, als er im Vollrausch unbedingt auf ihrer Bettseite schlafen wollte, hatte er sie grob hochgezerrt, an den Haaren gerissen und seine Frau schließlich in die Zimmerecke geschleudert. In ungläubigem Entsetzen flüchtete sie damals ins Gästezimmer.

Am Tag danach entschuldigte er sich wortreich, unter Tränen und mit vielen zärtlichen Gesten bei ihr. Es würde nie wieder vorkommen; sie sei doch seine gute Fee; die niedrigen Verkaufszahlen bei den Lämmern seien schuld … Und sie – ganz klassisch – hatte es ihm tatsächlich verziehen. Fast ein Jahr lang ging danach alles gut. Das zweite Töchterchen kam auf die Welt. Nun liegt es im Kinderzimmer und schreit.

Colleen seufzt und rollt sich aus dem Bett, um nach der Kleinen zu sehen. Das passt Bill nicht. Sie soll liegen bleiben, er will schlafen. Sie hält das für einen Scherz, beugt sich über ihn, gibt ihm einen Kuss. Da packt er sie wieder bei den Haaren und schlägt ihr seine Faust ans Kinn und dann noch einmal aufs Auge.

Diesmal ist die Verzeihungsansprache mit Blumen und einem Ring orchestriert. Sie stellt die Blumen in eine Vase und legt den Ring in die Nachttischschublade, aber vergessen kann sie die Sache nicht. Es dauert eine ganze Woche, bis die blauen Flecken ihr bekanntes Farbspektrum durchlaufen haben und nicht mehr zu sehen sind.

Was soll sie schon tun? Sie sind nun einmal verheiratet, und sie haben zwei kleine Kinder miteinander. Eine Scheidung ist schwierig und umständlich. Also bleibt sie bei ihm, wird aber vorsichtiger und wachsamer. Wenn er schon am Nachmittag ohne Erklärung verschwindet oder abends seinen Geländewagen besonders schräg im Hof stehen lässt, schläft sie mit den Mädchen im abgeschlossenen Gästezimmer. Das funktioniert erstaunlicherweise, obwohl er wahrscheinlich stark genug wäre, die Tür einzutreten.

Es ist ihr klar, dass das keine Lösung ist und dass sie sich sehr typisch verhält. Aber sie bringt es nicht übers Herz, sich jemandem anzuvertrauen. Sie trägt keinerlei Schuld, und trotzdem schämt sie sich …

An jenem Nachmittag ist die kleine Brid zu Besuch bei der Oma gewesen. Orla ist etwas fiebrig und deshalb daheimgeblieben. Als Colleen losfahren will, um Brid abzuholen, schläft ihre Vierjährige tief und fest auf dem Sofa. Da das Kind den Schlaf braucht, und Colleen ja nicht länger als zehn Minuten weg sein wird, lässt sie die Kleine kurz allein.

Hinterher parkt sie wie immer rückwärts auf dem Hof. Der Geländewagen steht schräg, und als sie aussteigt, hört sie aus dem Haus lautes Kinderweinen. Colleen stürzt hinein, ohne ihre jüngere Tochter überhaupt aus dem Kindersitz hinten im Auto zu holen.

Orla kauert heulend in der Ecke. Bill schreit wie von Sinnen, während er schwankend vor ihr steht: »Wirst du wohl meine Hausschuhe bringen, du Fratz! Nutzlose Weiber im ganzen Haus – los los, mach schon!«

Und als das Kind weiterhin nur brüllt, zieht er seinen schweren Gürtel aus den Laschen. Das ist zu viel für Colleen. Im Nu ist sie bei Orla und reißt sie hoch in ihre Arme.

»Wirst du wohl meine Tochter in Frieden lassen!«, schreit sie nun auch, seine Ausdrucksweise unbewusst imitierend. Falls sie gedacht hatte, das brächte ihn zur Vernunft, hat sie sich jedoch getäuscht. Er holt weit aus. Colleen dreht sich weg, um das Kind zu schützen, aber die metallene Gürtelschnalle streift dafür sie am Arm. Der Schmerz macht ihr klar, dass hier nur noch die Flucht hilft. Sie stellt Orla auf den Boden, schubst sie in Richtung Tür.

»Schnell, lauf ins Auto. Saus!«, ordnet sie an. Dann packt sie einen Küchenstuhl, der nach alter Sitte neben der Tür steht, und schleudert ihn Bill vor die Füße. Fast im selben Moment trifft sie der zweite Hieb, auf der Stirn diesmal. Sie sieht nur noch, wie ihr Mann über den Stuhl stolpert, bevor sie panisch zum Wagen rennt.

Unterwegs sammelt sie die verstörte Orla auf und springt mit ihr auf den Fahrersitz. Zum Glück braucht sie nicht rangieren, sondern kann sofort losfahren, da der Schlüssel noch steckt. Colleen hält erst wieder bei der Polizei in Dingle, dreizehn Kilometer entfernt …

Wie sie so schnell reagieren konnte, war ihr bis heute ein Rätsel. Drei Jahre waren seither vergangen. Sie schüttelte sich und musste grinsen: Die Polizisten hatten ziemlich erschüttert bei ihrem Auftritt in der friedlichen Station reagiert: blutverschmiert und unter Schock hatte sie dagestanden, mit zwei lautstark schreienden kleinen Mädchen im Schlepptau. Immerhin kümmerten die Beamten sich rasch darum, dass sie im Ärztehaus auf der anderen Straßenseite versorgt wurde, und holten ihren Mann zum Ausnüchtern ab.

Der Rest war zwar nicht einfach, aber nachdem die Dinge erst einmal ins Rollen gekommen waren, entwickelten sie sich auch reibungslos weiter. Bill durfte nur noch heim, um seine Sachen zusammenzupacken, ansonsten bekam er Hausverbot. Vorsichtshalber ließ Colleen die Schlösser austauschen und sperrte eine Zeit lang ab. Das allerdings hatte sie nun längst wieder aufgegeben: Die Hintertür blieb unverschlossen, so wie es in der Gegend üblich war.

Und sie musste es Bill zugestehen: Sobald er sich damit abgefunden hatte, dass seine Ehe gescheitert war, benahm er sich ihr gegenüber durchaus anständig. Er verkaufte den gesamten Viehbestand und trat die Hälfte des Erlöses an Colleen ab, was es ihr ermöglichte, die zwei großen Polytunnel zu kaufen und ihren Traum zu verwirklichen: Gemüseanbau ohne Kunstdünger und Gift. Das verursachte kaum laufende Kosten, nachdem die Anlage einmal installiert war, und es brachte stetige, wenn auch nicht spektakuläre Erträge ein. Immer mehr von den Touristen in den Ferienhäusern fragten nach Bio-Ware, und sogar viele Einheimische kauften ihre Produkte regelmäßig.

Auf den ehemaligen Weiden produzierte sie Heu. Hier hatte sie ebenfalls zuerst investieren müssen: Sie ließ die Flächen einebnen und von Steinen befreien und die Zufahrten verbreitern, ehe sie sich eine Sämaschine auslieh und höchstpersönlich mit ihrem Traktor über die Felder tuckerte, um Gras zu säen. Bereits im zweiten Jahr hatten sich die Einsätze amortisiert, und ab diesem Jahr konnte sie den Erlös als Gewinn abbuchen. Heu bot ein sicheres Geschäft in Irland, da die meisten Bauern im Winter zufüttern mussten, wenn die Weiden aufweichten und das kärgliche Gras nicht mehr ausreichte, um das Vieh zu sättigen. Die vielen neuen Reitställe ringsum, die von Fremden und Einheimischen eifrig besucht wurden, gehörten auch zu den verlässlichen Heuabnehmern.

Colleen seufzte zufrieden. Die Wäsche war fertig; sie konnte endlich ins Bett, wo sie allabendlich noch ein, zwei Kapitel in einem Schmöker las, bevor ihr die Augen zufielen.

4

Daniel hätte lieber weitergeschlafen, als sein Handy am nächsten Morgen eine fröhliche Weck-Melodie tingelte. Im Pub war es am Ende rappelvoll gewesen, und nur mit viel Geduld hatte er lang nach der Sperrstunde alle Gäste heimschicken können. Der Heimweg in der frischen feuchten Luft hatte auch noch fast eine halbe Stunde gedauert, und bis er im Bett lag, war es dann schließlich zwei geworden.

Er streckte sich genüsslich. Ein richtiges Bett war schon etwas Feines! Aber Colleen hatte gesagt, Frühstück gebe es um neun; er wollte sie nicht warten lassen. Er duschte eilig und zog frische Kleidung an. Als er nachts heimgekommen war, hatte er seine trockenen Sachen in einem Korb vor seiner Zimmertür gefunden. Was für ein Service!

Die Kinder saßen am Tisch, als er herunterkam, und schauten ihn mit großen Augen an.

»Guten Morgen, Colleen. Und guten Morgen, Jungs!«, sagte er schelmisch.

Die zwei sahen sich, wie erwartet, verblüfft an, dann rief die Kleinere: »Wir sind doch Mädchen!«

»Ach so. Das konnte ich ja nicht wissen.«

»Das sieht man doch«, meinte das andere Mädel ein bisschen verächtlich.

»Na, dann hab ich wohl nicht richtig hingeguckt. – Ich bin Danny. Wie heißt ihr denn?«

Daniel fand es herrlich, einmal wieder in Gesellschaft zu frühstücken. In den letzten Jahren war das meist ein einsames Geschäft gewesen. Die Kinder waren ausgesprochen nett, nachdem das Eis nun gebrochen war. Orla, die ältere der beiden, hatte das herzförmige Gesicht und die Augenform ihrer Mutter geerbt, aber ihre vollen glatten Haare waren rotblond und die Augen leuchtend blau. Die kleine Brid dagegen war wie ein Farbabzug von Colleen: Sie hatte dieselben dunkelroten Locken und geheimnisvollen grünen Augen. Allerdings waren Gesichtchen und Augen rundlicher; nun, das konnte sich noch ändern. Daniel beschloss sofort, beide Kinder zu malen, als Elfen am Bergsee vielleicht …

»Speck und Eier gibt es nur am Sonntag«, erklärte Colleen, als sie ihm seinen Teller hinstellte. »An Wochentagen essen wir Müsli oder Hafergrütze und Toast mit Marmelade. Aber sag: Möchtest du außerdem auch Käse oder Schinken?«

»Ja, Käse wäre fein. Nur Süßes ist nichts für mich.«

»Das glaubt dir Orla bestimmt nicht; für sie könnte jede Mahlzeit nur aus Schokolade bestehen«, lachte Colleen.

»Also gut, dann weiß ich schon, was ich als Nächstes koche: Apfelstrudel.«

»Appelschudl – was ist denn das?«

Mutter und Kinder brachen sich halb die Zunge ab, als sie dieses schwierige deutsche Wort nachzusprechen versuchten. Erst nach viel Gelächter waren sie mit der eigenen Aussprache zufrieden. Danny weigerte sich jedoch, das Geheimnis zu lüften. Er sagte, sie müssten eben abwarten, dann würden sie schon sehen, was es war.

Hinterher half er beim Aufräumen; so sah er gleich, wo alles war. Es war ja abgesprochen, dass er Küche und Wohnbereich mitbenutzen durfte. Als er jedoch nach einem Mietvertrag fragte, lachte Colleen laut auf.

»Ich wüsste gar nicht, wie ich so was schreiben sollte«, meinte sie, »und es ist wirklich überflüssig. Du zahlst jede Woche für Zimmer und Verpflegung bei uns. Wenn du nicht zahlst, fliegst du raus. Wenn mir was nicht passt, sag ich es dir, und wenn dir was nicht passt, sagst du es mir. Das reicht doch als Vertrag, oder etwa nicht?«

Daniel hatte wahrhaftig nichts dagegen. Auch mit ihrem Vorschlag, ihn mitzuverpflegen, war er sofort einverstanden. Allerdings bestand er darauf, an zwei Tagen der Woche selbst zu kochen.

»Eine meiner Lieblingsbeschäftigungen«, erklärte er, »und ich will nicht aus der Übung kommen.«

Sie nahm das Angebot gern an, war doch der Eintopf gestern hervorragend gewesen, und auch im Hinblick auf den rätselhaften – jetzt hatte sie glatt das Wort schon wieder vergessen – Apfel*dings* war sie gespannt!

Wenig später zog Daniel in seinem Zimmer den großen Tisch neben das Fenster und deckte ihn mit einer alten Wachstuchdecke ab, die er stets mit den

Malutensilien im Koffer mit sich herumtrug. Das Bett schob er ein Stück zur Seite. So hatte er einen Arbeitsplatz mit erstklassiger Beleuchtung. Er legte seine Farben, Pinsel und Stifte bereit, stapelte die verschiedenen Blöcke und stellte die Staffelei auf.

Es klopfte.

»Herein!«, bat er.

Colleen hatte seinen Schlafsack auf dem Arm. Den hatte Daniel gestern auch gewaschen – es war bitter nötig gewesen! Aber das Ding trocknete natürlich nicht so schnell.

»Soll ich den in den Trockner stecken, oder darf man das nicht?«, fragte sie.

»Nein, das darf man tatsächlich nicht. Wenn vielleicht irgendwo ein paar ungenutzte Stühle wären? Dann könnte ich ihn über die Lehnen hängen. Es dauert ein paar Tage, bis die Daunen durch und durch trocken sind.«

Sie fanden zwei alte Stühle, schüttelten den Schlafsack gründlich und ließen ihn da zum Trocknen.

»Hoffentlich macht es dir nichts aus, dass ich hier alles umgestellt habe ...«, sagte er, als sie zurück in seinem Zimmer waren.

»Natürlich nicht. Du kannst das Bett von mir aus auch hochkant an die Wand lehnen, wenn du willst. Ach, malst du?«

»Ja. Soll ich dir zeigen, was ich gestern skizziert habe?«

Er nahm den Zeichenblock und blätterte zum neuesten Entwurf.

Colleen studierte die Skizze aufmerksam.

»Das sind die ›Drei Schwestern‹ … So heißen die Gipfel. Du hast den stehenden Stein am Berghang gefunden, wie ich sehe … Mensch, du kannst echt gut zeichnen!«

Daniel lächelte. »Warte nur, bis es farbig wird!«

»Oh, wie machst du das denn?«

»Meist mit Acrylfarben, manchmal auch Öl.«

Sie grinste. »Ich hab gemeint, malst du das aus dem Gedächtnis – oder wie? Das Licht bei uns ist ja jeden Tag anders, und an Ort und Stelle ist es schwierig, weil es so oft regnet oder stürmt.«

Er lachte. »Stimmt, das ist mir schon aufgefallen. Ich hab vorsichtshalber als Gedächtnisstütze ein paar Fotos gemacht.«

»Ah, clever! Stimmt, hier ist ja auch dein Laptop.«

»Genau. Klein, aber fein. Da kommt das Foto drauf, und dann kann ich in Seelenruhe im trockenen Zimmer das Bild fertig malen.«

»O je«, meinte sie. »Hast du denn da genug Licht? Hier hinten scheint nie die Sonne, ist dir das klar? Aber du kannst gern im Wohnzimmer arbeiten. Ich sag den Kindern, sie dürfen nichts anfassen, und …«

Er unterbrach sie: »Keine Sorge, diese Beleuchtung ist gerade gut für mich! Nordfenster sind perfekt, weil das Licht völlig rein ist.«

Jetzt fiel ihr etwas anderes ein. »Stört es dich, dass keine Vorhänge da sind? Ich könnte dir Innenjalousien geben, bloß weiß ich nicht, wie man sie befestigt. Vielleicht hast du es nachts lieber ganz privat.«

Er schaute hinaus auf den friedlichen öden Berghang und die Ruine.

»Ach, Nachbarhäuser sind ja keine da, und dass dort jemand nach Einbruch der Dunkelheit spazieren geht, halt ich für unwahrscheinlich«, murmelte er.

»Nein, Angst vor neugierigen Augen brauchst du wirklich nicht zu haben. Das ist Staatsland, und weil nur Gestrüpp wächst, weiden nicht einmal Schafe auf dem Gelände. Ich hab selbst auch keine Gardinen am Fenster. Mir gefällt es, wenn ich vom Bett aus die Sterne sehe, oder die Wolken bei Wind.«

Daniel lehnte also das Angebot mit den Jalousien ab. Er zog es ebenfalls vor, einen unverhangenen Ausblick zu haben.

Bevor sie sich zurückzog, sagte Colleen noch: »Unten neben der Hintertür lehnt das Fahrrad. Es gehört einem Cousin aus England, der's bei seinem letzten Aufenthalt gekauft und für weitere Besuche hiergelassen hat. Du kannst es in den Schuppen stellen.«

Erfreut probierte Daniel den Drahtesel gleich aus. Es war ein stabiles Modell, und die immerhin sieben Gänge halfen, auf den hügeligen Straßen gut voranzukommen. Lang blieb er jedoch nicht aus; er wollte das Bild heute noch anfangen. Sobald er einige Gemälde fertig hatte, würde er sich in der kleinen Galerie im Dorf vorstellen. Auf Dauer hatte er ja nicht vor, sich als Barmann durchzuschlagen, und vielleicht kam er ins Geschäft. Touristen zogen genug durch die Gegend, das war ihm bereits nach vier Tagen klar geworden. Es wunderte ihn auch nicht: Diese Landschaft mit grünen Hügeln, Klippen und Stränden gehörte zu den schönsten, die er je gesehen hatte. Das wechselhafte Wetter störte ihn gar nicht. Dunkle oder weiße Wolken mit blauen Flecken dazwischen erhöhten für ihn den Reiz eines jeden Bildes, während ihn ewig klarer Himmel eher langweilte.

Ein kurzer, aber heftiger Schauer erwischte Daniel, gerade als er wieder in den Hof einbog. Manchmal wäre eben Langeweile doch vorzuziehen ... Er nahm sich grinsend vor, bei nächster Gelegenheit eine gute wasserdichte Jacke zu kaufen; die brauchte man hier unbedingt. Im Schuppen fand er Colleen mit einem Iren, den er schon im Pub gesehen hatte.

»Oh, hallo. Das ist Noel Long. Danny hat mein Hinterzimmer gemietet, Noel«, stellte sie formvollendet die beiden Männer einander vor.

»Hi, Danny, wie geht's?«

»Nicht ganz schlecht, und dir?« Daniel hatte längst gelernt, wie solche Unterhaltungen abliefen. Man musste nach dem Befinden fragen, und die korrekten Antworten waren entweder »geht schon« oder »nicht ganz schlecht«. Ganz selten behauptete jemand, es gehe ihm prima. Als Nächstes erforderte irische Sitte eine ausgiebige Erörterung des Wetters, was ja auch jeden Tag ein abwechslungsreiches Thema bot. Und erst hinterher kam man zur Sache.

In diesem Fall ging es um den Zuschnitt von Planken, und Daniel wurde – ohne es zu wollen –

mitten in die Angelegenheit hineingezogen. Natürlich hätte er theoretisch schnell sein Rad abstellen und ins Haus gehen können. Aber als Colleen sich anschickte, eine riesenlange Baudiele allein zu schleppen, konnte er nicht umhin, mit anzufassen. Das Bild musste eben warten.

Während Colleen mit Brecheisen und Zange die Blechbeschläge von den Enden der Planken absprengte, reichte er Noel das Holz und räumte die geschnittenen Teile weg. Es erinnerte ihn an alte Zeiten – er hatte vor Jahren eine Zeit lang in Portugal bei einem Zimmermannstrupp gejobbt. Während der Arbeit mit den beiden erfuhr er nun von Colleens Plänen für die Hochbeetanlage.

»Erst kommt die Erde vom Kompost hinein. Im Herbst bedecke ich die Beete mit einer dicken Schicht Seetang. Dann ist für nächstes Jahr eine perfekte Unterlage fertig. Zwiebeln, Lauch, Knoblauch und Spinat pflanze ich da«, erklärte sie versonnen. »Das wächst wunderbar, und in den Hochbeeten ist es einfacher, das Unkraut zu überwachen. Außerdem muss ich mich nicht so weit bücken; ich werd schließlich auch nicht jünger.«

Daniel lachte laut auf. Diese zierliche Frau in den blauen Latzhosen und einem grünen Sweatshirt – die Arme in die Seiten gestemmt, mit blitzenden Augen, wirren Locken und einer Schmutzspur quer auf der Stirn – sah ganz aus wie ein Lausemädel.

Sie blies sich ein paar Haarsträhnen aus dem Gesicht und schaute ihn schief an. »Älter als du bin ich allemal«, behauptete sie.

»Glaub ich nicht.«

»Moment, Moment! Nicht verraten!« Noel hielt beide Hände hoch. »Wollen wir wetten, wie alt dein Mieter ist? Ich sage, unter achtundzwanzig.«

»Dein Einsatz?«, erkundigte sich Colleen, während sie Daniel aus zusammengekniffenen Augen abschätzend musterte.

»Ein Fünfer?«, schlug der Zimmerer vor.

»Also gut. Ich sage: unter sechsundzwanzig.«

Dass viele Iren eine Wette lieben, ist allgemein bekannt. Dass es aber dabei auch um derart persönliche und belanglose Dinge gehen konnte, war Daniel neu. Er grinste. »Was passiert, wenn keiner recht hat? Krieg dann ich den Fünfer?«

Nach einigem Hin und Her erklärten sich beide damit einverstanden.

»Dreiunddreißig«, verkündete er und streckte ihnen fordernd die Hände entgegen.

»Hach, du lügst ja. Du bist im Leben nicht über dreißig!«

»Du willst bloß unser Geld einsacken«, empörte sich auch Noel.

»Muss ich etwa meinen Pass vorzeigen?«

Sie bestanden lachend darauf, und kopfschüttelnd machte er sich auf, den Beweis zu holen. Es stimmte schon, er wirkte jünger mit seinen hellbraunen Augen und den etwas dunkleren Haaren, die meist ein wenig zu lang waren. Einen Ausweis allerdings hatte er seit vielen Jahren nirgends mehr vorlegen müssen.

Colleen wischte sich die Hände an der Hose ab, bevor sie die Kennkarte studierte. »Tatsächlich, im April dreiunddreißig geworden. Mist!« Dann kramte sie ein paar Münzen aus der Tasche und gab ihm zwei fünfzig. Noel ergänzte den Rest. Als Daniel jedoch mit der Arbeit fortfahren wollte, hielt er ihn am Arm fest.

»Jetzt musst du noch wetten, ob Colleen recht hat, wenn sie behauptet, sie ist allemal älter als du«, schlug er vor.

»Mit wem soll ich denn wetten? Ihr wisst es ja wohl beide, und sonst ist keiner da. Aber ich denke, sie ist jünger.«

»Ha! Stimmt. Aber bloß um zwei Monate. Du brauchst dir also nichts einzubilden«, lachte Colleen.

Zum Malen kam Daniel nicht mehr. Er hatte gerade noch Zeit, sein Abendessen zu verdrücken, bevor er kurz vor fünf zum Pub hinunterradelte.

Am Sonntag und Donnerstag öffnete Tom Murphy seine Gaststube höchstpersönlich, weil Colleen an diesen Tagen frei hatte. Als Daniel ihn an diesem Abend ablöste, blieb er auf ein friedliches Bier an der Theke sitzen.

»Und, zufrieden mit deiner Wohnung, Danny?«, erkundigte er sich.

»Freilich! Vielen Dank noch für die Vermittlung.«

»Ihr habt mich ja gar nicht gebraucht. Ein Zeichen dafür, dass es so sein sollte.« Tom zwinkerte. »Bist du denn auch mit deiner Vermieterin zufrieden?«

Daniel zwinkerte zurück und lächelte als Antwort. Ein paar Tricks hatte er den Iren bereits abgeschaut, und sie waren Meister in der wortlosen Kommunikation.

»Kann ich einen Tag in der Woche frei haben, oder ist das schwierig?«, fragte er Tom.

»Kommt drauf an, an welchem Tag.«

»Egal. Mittwoch?«, schlug er vor.

»Das geht. Da übernehm ich halt die Abendschicht selber. Schadet nix, wenn man mich in meinem Pub noch ab und zu höchstpersönlich zu sehen kriegt.«

»Danke. Und am Sonntag und Donnerstag würde ich gern etwas später anfangen, vielleicht um acht ...«

»Doch, das passt auch. Das sind die Tage, an denen ich mittags selbst aufsperre. Ob ich da bis fünf oder bis acht hier stehe, macht keinen großen Unterschied, solang ich bloß rechtzeitig fürs Abendprogramm vor der Glotze ankomme. Du wirst ohnehin stundenweise bezahlt, also spare ich noch 'n Haufen Geld dabei, nicht?«

Daniel war froh über diese unproblematische Regelung. An ein paar Tagen nicht den Pinsel um halb fünf weglegen zu müssen, würde nett sein. Außerdem bot sich damit auch die Gelegenheit, mal nach Dingle zu fahren – da der Bus nur zweimal täglich verkehrte, war das nicht ganz einfach zu planen. An den Sonntagen würde er abends kochen, und sie konnten alle zusammen essen. Das wäre ebenfalls nett.

Jetzt kamen zwei Gäste. Der Mann war jener Pat, der mit dem Wirt in Dingle gesprochen hatte, also Colleens Vater. Und die Frau war eindeutig die Mutter: Sie hatte dieselben grünen Augen und roten Haare wie Colleen, wenn auch in diesem Fall kurz geschnitten. Sie begrüßten Tom herzlich.

Dieser erklärte: »Das ist mein neuer Barmann. Danny, das sind Catherine und Pat McDonnell, Colleens Eltern.«

»Hallo, Danny, wie geht's?«, grüßte die Frau.

»Mir scheint, wir haben uns schon mal getroffen. Vor ein paar Tagen in der Stadt, oder nicht?«, meinte Pat nach einem prüfenden Blick.

»Das stimmt«, gab Daniel zu.

»Ach, tatsächlich?«, mischte sich nun Tom ein. »Aber wisst ihr auch, wo Danny wohnt?«

Sie wussten es nicht und waren gehörig überrascht. Nachdem sie Getränke bestellt hatten, ließen sie sich genau berichten, wo Daniel herkam, wie er herkam und warum er herkam. Anschließend luden sie Tom zum Essen in das kleine Hotel im Ort ein und zogen mit ihm ab.

An diesem Abend blieb es etwas ruhiger. Die Einheimischen tranken bloß ein, zwei Bier, bevor sie heimgingen. Ein paar Fremde hockten an den Tischchen und unterhielten sich. Daniel polierte die Messingbeschläge und übte beim Zapfen, Kleeblätter in den Guinness-Schaum zu zeichnen.

Erinnerte sich Pat, was er damals in Dingle berichtet hatte? Vermutlich schon; der Gute machte durchaus keinen senilen Eindruck. War es ihm unangenehm? – Schwer zu sagen. Aber da die Iren in der Regel erfrischend offenherzig sind, würde Daniel es wohl eines Tages erfahren.

Seine Gedanken kehrten zum Nachmittag zurück. Zu dritt hatten sie fünf der Beeteinfassungen gleich fertig aufgebaut und zusammengeschraubt, nachdem die Unkrautfolie ausgebreitet worden war. Die restlichen Planken warteten zugeschnitten neben dem Schuppen. Vielleicht konnte er morgen eins der neuen Hochbeete mit Kompost füllen. Colleen wäre bestimmt froh, wenn man ihr die schwere Arbeit abnahm.

Dieser Noel war also ein guter Freund … wie weit wohl diese Freundschaft ging? So eine attraktive Frau hatte sicher einige Verehrer. Vielleicht war er sogar der Scheidungsgrund? Daniel wusste viel zu wenig über die Angelegenheit. Er rief sich energisch zur Ordnung. Es ging ihn ja wirklich nichts an, ob seine Vermieterin einen festen Freund hatte oder nicht!

Aber als um halb neun Noel in die Bar kam, fühlte Danny doch eine gewisse Erleichterung. Dass Noel eine üppige blonde Irin im Schlepptau hatte und als seine Frau vorstellte, verbesserte seine Laune zusätzlich. Es wurde noch ein richtig fröhlicher Abend.

Trotzdem konnte er diesmal pünktlich um halb zwölf zuschließen und sofort heimradeln. Während der letzten Stunde war es leer genug gewesen, um nebenher schon die Gläser einzusammeln und in die Maschine zu packen. Gegen elf verabschiedeten sich die noch übrigen Gäste, worauf er eiligst die Tische sauberwischte und die Hocker darauf stapelte. Er war ohnehin hundemüde, da war es gut, wenn er früher ins Bett kam.

Die frische Luft draußen munterte ihn allerdings wieder auf, und die Steigung brachte ihn ordentlich ins Schwitzen. Ganz schaffte er es jedoch nicht; ungefähr hundert Meter vor dem Haus musste er vom Rad steigen. Vergnügt schob er es das letzte Stück. Plötzlich wurde es hell ringsum. Daniel blieb stehen und sah hoch. Die Wolken, die eilig über den Himmel zogen, hatten den Vollmond freigegeben. Unglaublich, wie er strahlte! Der Maler betrachtete die hügelige Landschaft im Mondlicht. Er machte sogar ein paar Aufnahmen mit seinem Handy, obwohl er wenig Hoffnung hatte, dass die Qualität für ein Bild genügte. Immerhin würde es ihn an den Eindruck erinnern, und er konnte die Szene aus dem Gedächtnis gestalten.

Eine romantische, friedliche Stimmung war das. Bloß die herannahenden eiligen Schritte wollten nicht so recht dazu passen. Daniel horchte auf. Der Klang kam von weiter vorn. Aber dort sah er niemanden, obwohl es hell genug war. Überhaupt führte die kleine Straße nur zu Colleens Hof hinauf und verlief sich schon kurz dahinter in einen Feldweg, der nach ein paar hundert Metern an einem Gatter endete. Beide Seiten des Weges grenzten die üblichen mit Ranken überwucherten Steinmäuerchen ab.

Die Schritte stoppten; nun hörte Daniel ein merkwürdig schleifendes Geräusch. Metall auf Stein? Griffel auf Schiefertafel? Als Nächstes kletterte offenbar jemand über das Mäuerchen. Daniel trat instinktiv einen Schritt zurück in den tiefen Schatten unter einer alten Esche. Aha: Ein

Mann kam von rechts, aus dem Ödland um den Normannenturm. Seltsam. Hatte Colleen nicht gesagt, da sei nichts, nicht einmal Schafe? Die Gestalt überquerte den Weg, nicht jedoch, ohne sich verstohlen umzuschauen, und stieg jenseits über die andere Mauer. Bald verhallten seine Schritte im weichen Gras.

Daniel blieb reglos stehen, bis auch der letzte Ton verklungen war. Das Erlebnis kam ihm fast unheimlich vor, und er spürte einen leisen Schauer im Genick.

In seinem Zimmer knipste er keine Lampe an, bevor er ans Fenster trat. Das Gelände hinter der Hofmauer lag hell beleuchtet vor seinen Augen. Nichts regte sich, nur die Ruine ragte schwarz in den Himmel. Auf einmal zog ein neues großes Wolkenfeld über den Mond, und Daniel sah den hellen Schimmer nach Osten davonwandern, bis alles wieder im Dunkeln lag.

Was, fragte er sich, hatte jemand um Mitternacht dort draußen zu suchen? Es schien ihm höchst seltsam.

Am nächsten Morgen war das Wetter schlecht. Es kam Daniel wie ein typisch deutscher Landregen vor, ohne viel Aussicht auf Besserung. Deshalb plante er keine längere Tour. Aber diese Ruine wollte er jetzt doch einmal genauer besichtigen. Da er in der Nacht ja den kürzesten Weg gezeigt bekommen hatte, wählte er den. Er stieg also oberhalb von Colleens Anwesen über die Mauer, wobei er sich an den Brombeerranken zwei tiefe

Kratzer holte, und arbeitete sich quer durch das Gelände zum Turm vor. Der Boden war uneben, und überall wuchs Stachelginstergestrüpp, was das Fortkommen erschwerte. Daniel war froh, dass er die Wanderstiefel und nicht seine Turnschuhe angezogen hatte.

Dann stand er vor dem Gemäuer. Zuerst hatte es ihn ja schon gewundert, warum sie das Ding immer Normannenturm nannten. In dem irischen Reiseführer, den ihm sein Zimmerkollege in Oxford geschenkt hatte, fand er die Antwort: Die Normannen hatten 1066 England erobert. Bereits kurz danach bat sie ein irischer Kleinkönig um Hilfe gegen seine Angreifer. Dabei fiel dem englischen König ein, es wäre gar nicht schlecht, das Nachbarland ebenfalls zu erobern. Er schickte also Adlige hin, um das für ihn zu erledigen. Denen gefiel es jedoch so gut in Irland, dass sie ansässig wurden und Sitten und Gebräuche übernahmen. So war das natürlich nicht geplant gewesen, und es wurden eigens Gesetze erlassen, die die »Irisierung« der Normannen aufhalten sollten; zum Beispiel wurde es verboten, auf ungesattelten Pferden zu reiten. Da aber die Könige in England selbst über Jahrhunderte hinweg genug Probleme hatten, konnten sie sich nie ernsthaft mit der irischen Angelegenheit beschäftigen. Erst um 1600 gelang es der Königin Elisabeth und ihrem heute noch verhassten Feldherrn Oliver Cromwell, Irland endgültig zu unterdrücken. Die Normannen aber hinterließen überall im Land diese typischen Bauwerke: schlicht, gerade und wuchtig, eher Türme als Burgen. Übrigens stammen alle Fitzwilliams, Fitzgeralds, Fitzroys und Fitzmaurices von den Normannen ab – Fitz ist die abgeschliffene Form von *fils*, was auf Französisch Sohn bedeutet …

Diese Gedanken zogen durch Daniels Kopf, während er die Ruine betrachtete. Die vier Seitenwände standen weitgehend noch; ein paar leere Fensteröffnungen ließen erahnen, wie dunkel es einst im Inneren gewesen sein musste. Er ging hinein. Tiefe Löcher in den Wänden zeigten, wo die Querbalken für die Zwischendecken gesessen hatten. Eine Steintreppe hatte in die oberen Stockwerke geführt; davon waren aber nur mehr die untersten sieben Stufen vorhanden. Am Boden lag Geröll, und der Blutfleck war längst vom Regen weggewaschen worden. Auch sonst gab es nichts zu sehen.

Draußen wuchs Gestrüpp. Daniel schaute hinter jeden Busch. Vielleicht hatte er ja letzte Nacht einen Schmuggler beobachtet, der seine Waren hier versteckt hatte. Das war jedoch nicht der Fall, und auch von einer Schwarzbrennerei entdeckte er keine Spur. Ein Wilderer? Getragen hatte die Gestalt nichts, da war er sicher, kein Gewehr, keinen Hasen. Also fiel diese romantische Erklärung ebenfalls ins Wasser.

Der weite Blick über Land und Küste war allerdings wirklich schön. Schade nur, dass man nicht mehr auf den Turm steigen konnte; aus dem Fenster dort droben musste der Ausblick noch spektakulärer wirken.

Er kehrte zurück. Inzwischen schien die Sonne; dieses irische Wetter war wirklich kapriziös. Gerade wollte er über das Mäuerchen klettern, da blitzte es seitwärts im Licht auf. Neugierig trat er näher und fand eine lange Aluminiumleiter hinter Ginsterbüschen, Brennnesseln und Heidekraut an die Steinmauer gelehnt. Ohne den Sonnenstrahl hätte er sie bestimmt übersehen. Im Geist hörte er wieder das unangenehme Geräusch vom gestrigen Abend. Aha, so hatte er wenigstens ein Geheimnis geklärt. Der Mann hatte seine Leiter hier verborgen.

Aber warum? Wofür brauchte er die Leiter?

Es blieb rätselhaft.

5

Mauras Wohnungstür klemmte. Das war zu viel! Plötzlich kochte ihre Wut über, und sie trat mit dem Fuß gegen die Tür. Das führte allerdings bloß dazu, dass ihr nun auch noch die Zehen wehtaten. Ungeduldig rüttelte sie an der Klinke, während sie mit dem Schlüssel hantierte. Endlich! Sie warf ihre Tasche auf das Bett, schleuderte die Schuhe in die Ecke und schaltete den Wasserkocher ein.

Dieser miese Kerl! Meinte der etwa, er könne sie so einfach abservieren? Seit Februar waren sie überall zusammen aufgetaucht, egal, ob bei Studentenpartys, beim Pizzaessen mit Freunden oder im Theater. In den Semesterferien wollten sie gemeinsam nach Mallorca in Urlaub fliegen. Und heute hatte ihr Smartphone vibriert, weil eine E-Mail von ihm gekommen war. Erst hatte sie gedacht: Süß, jeden Tag schreibt er mir! Aber als sie den Text gelesen hatte, war ihr das Lachen gründlich vergangen:

Hi Maura,

es tut mir wahnsinnig leid, aber ich muss ausgerechnet Mitte Juli auf eine zweiwöchige Fortbildung nach Wien – meine Firma schickt mich. Ich kann das nicht absagen. Bitte, können wir Mallorca verschieben? Ich komme wie geplant

am Freitagabend zu dir. Dann besprechen wir das, Liebling, ja? Bis bald!
Bussi
Rob

Das ging entschieden zu weit. Was, nach Wien? Dabei hatte er noch vor ein paar Wochen behauptet, es gäbe eine Dienstreisen-Sperre bei dem Internet-Unternehmen, wo er in der Kundenbetreuung arbeitete. Und jetzt plötzlich sollte sich das geändert haben? Sie glaubte kein Wort.

Am Freitag, also morgen, würde er sie jedenfalls nicht vorfinden. Sie legte einen Teebeutel in ein Haferl, schüttete kochendes Wasser darüber und beschloss dann, zu verreisen. Bloß wohin? Während sie ihren Tee trank, ließ sie die Möglichkeiten vor ihrem geistigen Auge vorbeiziehen. Zu ihrer Mutter nach Wexford? Nein, da war sie erst gewesen. Mum neigte zur Besorgnis, wenn ihre Tochter zu oft auftauchte. Zu ihrer Schwester Jenny und deren Mann Liam in Donegal? Na, auf junge Liebe hatte sie keine Lust. Ach, das war es: Ein Bruder ihres verstorbenen Vaters wohnte in Galway, und seit sie in Dublin studierte, hatte sie ihn nie mehr besucht. Galway war nett, Onkel Phil, seine Frau Nell und die Cousins und Cousinen auch … Sie griff zum Telefon.

Es wurde ein tolles Wochenende. Ben und Janet holten sie mit dem Familienauto am Busdepot ab. Er war neunzehn und hatte kürzlich seine Fahrprüfung bestanden, und Janet war zwanzig. Beide studierten in Galway und wohnten noch bei den

Eltern, deshalb hatte man sie als Empfangskomitee losgeschickt. Die beiden älteren Geschwister der zwei lebten in Cork: Tom arbeitete und Ivonne studierte dort.

Schon auf der Heimfahrt zum Haus wurde das Wochenende in allen Einzelheiten geplant. Maura war mit allem zufrieden; Hauptsache, sie hatte keine Zeit zum Nachdenken. Sie war mit Janet zusammen untergebracht. Nach dem Abendessen richteten sich die beiden jungen Frauen gemeinsam her, was viel Spaß machte.

Maura hatte es zwar durchaus genossen, sich eine eigene Studentenbude leisten zu können, aber insgeheim vermisste sie die Gesellschaft ihrer Schwester sehr, mit der sie von klein auf das Zimmer geteilt hatte. Dieser Abend mit ihrer lebhaften Cousine kam ihr gerade recht. Übermütig tauschten sie Kleidungsstücke aus, bis sie endlich mit sich zufrieden waren. Maura hatte einen knallroten Minirock und ein gewagt ausgeschnittenes Top von Janet ausgeliehen, während diese zu ihren engen schwarzen Jeans eine weite smaragdfarbene Seidenbluse von Maura trug. Janet hatte als Kunststudentin auch großes Geschick im Malen, wie sie nun auch beim Schminken von Mauras Gesicht bewies.

»Lach nicht!«, hatte sie angeordnet. »Das verzerrt sonst den Lidstrich. Schau ganz ernst, bitte.«

»Fällt mir nicht schwer ...«

»Wieso? Ist was passiert?«

So erzählte Maura von ihrem wankelmütigen Verehrer.

Janet war empört. »So ein Mistkerl!« Auch sie hielt es für unwahrscheinlich, dass seine Firma ihn tatsächlich so spontan auf einen Lehrgang abkommandierte. »Du musst ja völlig fertig sein.«

Als Maura tragisch nickte, erkundigte sich Janet mitfühlend: »Hast du ihn sehr geliebt? Bist du traurig?«

»Ja, freilich …«, murmelte Maura. Aber es stimmte gar nicht, wurde ihr dabei klar. Sie war eigentlich in erster Linie wütend. Da war es wohl mit der Liebe nicht so weit her. »Weißt du was?«, sagte sie, »Vor allem bin ich sauer. Und ich hab seine E-Mails blockiert, damit ich mich nicht noch mehr aufrege.«

Janet lachte. »Schlau! Wart nur ab, vielleicht begegnet dir heute Abend die wahre Liebe.«

Das passierte nun zwar nicht, aber die drei jungen Menschen amüsierten sich prima. Sie tranken in vier verschiedenen Stammkneipen, wo sie unzählige Bekannte und Freunde trafen, tanzten in der Disco bis in die frühen Morgenstunden, und taumelten dann fröhlich den langen Weg nach Hause, wobei sie fast wieder nüchtern wurden.

Am Samstagnachmittag begleitete Maura ihre Tante Nell beim Einkaufsbummel, und hinterher tranken sie Tee und verdrückten dicke Tortenstücke.

»Wie steht's mit der Tiermedizin?«, fragte Nell.

»Macht Spaß. Noch zwei Semester.«

»Willst du eine eigene Praxis aufmachen?«

Maura wollte am liebsten irgendwo in einem Naturpark Tiere betreuen. Nashörner in der

Serengeti, Tiger in Indien oder Kamele in der Mongolei; es war ihr egal, wo und was. Was sie eher vermeiden wollte, war, in einer Stadtpraxis Schoßhunde und Meerschweinchen zu impfen.

»Dazu bräuchte ich einen Haufen Geld. Nein, anfangs werd ich wohl eher irgendwo mit einsteigen. Vielleicht in einer ländlichen Gegend. Pferde und Esel sind mein Spezialfach.« Sie lachte. »Zebras natürlich auch, und Maultiere. – Aber lass uns das Thema wechseln. Was treiben denn deine Verwandten?«

Das war ein ergiebiges Gesprächsthema. Nell hatte zwei Onkel in Amerika, eine Tante in Neuseeland und eine in Australien. So gab es in sämtlichen Ecken der Welt weit verzweigte Familiengruppen. Maura hörte amüsiert zu, wie Nell von allen erzählte. Insgeheim wunderte sie sich, wie ihre Tante all die Namen im Kopf behalten konnte. Sie selbst war in einer kleinen Familie mit nur einer Schwester aufgewachsen, und auch ihre Eltern hatten wenig Geschwister. Nach einer Weile kam Nell auf ihre jüngste Tante zu sprechen. Catherine war die einzige, die in Irland geblieben war. Sie lebte in der Nähe von Dingle.

Plötzlich hielt sie inne. »Ach, da fällt mir ein: Tante Catherine hat mir kürzlich Handzettel geschickt zum Auslegen in der Uni. Aber eigentlich könntest du doch auch welche mitnehmen und in Dublin verteilen, oder?«

»Das kann ich freilich tun – worum geht es denn? Ein Aufruf zum Widerstand gegen die Banken? Boykott von Monsanto-Produkten?«

»Ach, es ist so: Catherines Tochter, meine Cousine, hat zwei kleine Mädchen, die sind fünf und sieben, und sie ist geschieden. Um die Familie über Wasser zu halten, muss sie natürlich arbeiten gehen. Sie sucht jetzt für die Sommerferien, also von Mitte Juni bis Ende August, eine Studentin, die sich um die Kinder kümmert und etwas im Haus und im Garten hilft. Fünf bis sechs Stunden am Tag, denke ich, hat es geheißen. Es gibt freie Unterkunft und Verpflegung, aber als Bezahlung bloß ein kleines Taschengeld. Sie dachte, vielleicht interessiert sich jemand von der Kunst- oder Musikhochschule dafür. Die Gegend ist ja wunderschön, und es wimmelt dort geradezu von Musikern und Künstlern.« Sie wühlte in ihrer geräumigen Handtasche. »Ja, hier. Viele hab ich nicht mehr, aber wir können ja noch welche kopieren lassen.«

Maura las den einfachen Flyer. Neues erfuhr sie dabei allerdings nicht; ihre Tante hatte jedes kleinste Detail erwähnt, außer der Telefonnummer. Sie hatte wirklich ein unglaubliches Gedächtnis. Sie lachte. »Vielleicht mach ich's glatt selber«, meinte sie, eher aus Spaß.

Aber das war doch tatsächlich eine Idee! Mallorca fiel ja nun aus, und sie hatte wenig Lust, die ganzen Semesterferien in ihrer winzigen Bude zu verbringen. Andere Pläne gab es auch nicht. Die Diplomarbeit, die im November fällig war, konnte sie genauso gut in Kerry schreiben wie in Dublin. Zur Recherche musste man ja heutzutage nicht mehr in die Bibliothek, sondern erledigte alles bequem im Internet …

»Sind sie denn nett?«, fragte sie ihre Tante.

»Meinst du die Kinder? Ich finde sie ziemlich drollig, hab sie oft gesehen. Meine Cousine Catherine ist sehr nett, tüchtig auch; sie hat ihre Landwirtschaft eigenhändig umgewandelt in Bio-Gemüse-Anbau. Ach so, aber du willst doch sicher lieber irgendwohin, wo es Vieh gibt, oder?«

Maura zuckte die Achseln. »Mit Tieren werd ich noch mein ganzes Leben lang zu tun haben. Warum nicht nebenher was über Kartoffeln und Gelberüben lernen?«

6

Colleen arbeitete an den Hochbeeten, während die Kinder irgendwo spielten. Sie hörte sie ab und zu lachen oder reden, was ihr vollkommen genügte; die beiden waren vernünftig genug, keinen gefährlichen Unsinn auszuhecken. Jedenfalls hoffte sie das. Aber schließlich konnte man Kinder nicht anketten, und Colleen wollte sie weitgehend in Freiheit aufwachsen lassen. Nur so würden sie sich ja zu unabhängigen selbstständigen Menschen entwickeln.

Dennoch war sie sehr froh, dass endlich die Feriensituation geklärt war. Während sie den Schubkarren voll Kies schaufelte, überlegte sie, wie sie die Studentin am besten einsetzen konnte. War es nicht witzig, dass es ausgerechnet eine Art Verwandte war? Angeheiratet bloß, und entfernt verwandt, aber immerhin eine Tochter des Bruders des Mannes einer Nichte ihrer Mutter – na, das war mächtig kompliziert. Eine Nichte ihrer Cousine zweiten Grades?

Egal. Hauptsache, sie kam und war zuverlässig. Etwas Bedenken hatte Colleen zwar, einen wildfremden Menschen mit der Betreuung ihrer Töchter zu betrauen, aber was blieb ihr schon übrig? Seit Brid letztes Jahr in die Schule gekommen war, arbeitete sie unten in Murphy's. Es brachte stetiges Geld ein, obschon nicht viel, und sie wollte den Job nur ungern für fast drei Monate aufgeben.

Danny hatte behauptet, in Deutschland würden Kinder erst mit sechs Jahren eingeschult. Sie schüttelte den Kopf. Was machten die Mütter da, wenn sie arbeiten gehen wollten? Brid hatte mit der Schule begonnen, als sie noch nicht einmal fünf war, und es klappte wunderbar.

Sie kippte den Kies zwischen zwei Beeten auf die schwarze Unkrautplane und verteilte ihn mit dem Rechen. Wie nett von Danny, dass er ihr die meisten Beete bereits mit Kompost gefüllt hatte! Er wohnte gerade erst drei Wochen da und war schon fast unentbehrlich. Täglich arbeitete er eine Stunde im Garten, was eine große Hilfe war. Mittwochs und sonntags kochte er. Am Mittwoch gab es jedes Mal etwas Süßes als Hauptgericht, Mehlspeise nannte er es. Orla war an diesen Tagen im siebten Himmel und wich ihm nicht von der Seite, während er kochte. Apfelstrudel hatte es gegeben, dann Kartoffelnudeln mit Apfelmus und gestern einen Auflauf namens Scheiterhaufen. Danny aß hinterher immer ein Käsebrot als Abschluss, weil der ganze Zucker ihn hungrig machte, wie er zur allgemeinen Erheiterung behauptete. Sonntags bereitete er oft asiatische Gerichte, die besonders Colleen sehr schätzte. Sie war ihm jedoch dankbar dafür, dass er all die scharfen Gewürze in einem eigenen Töpfchen zusammenkochte und erst bei Tisch über seinen Teller kippte. Als Brid einmal unbedingt probieren wollte, wie es schmeckte, hatte sie geweint, weil es so scharf gewesen war.

Orla waren zwar auch die Tränen in die Augen getreten; sie hatte aber tapfer behauptet, es sei sehr lecker.

Orla also vergötterte ihn wegen seiner Kochkunst. Brid bewunderte ihn aus anderen Gründen: An einem Mittwoch hatte Danny die Mädchen nachmittags übernommen, weil die Oma mit Freundinnen nach Dingle fahren wollte. Da hatte er die Kleinen malen lassen, und es stellte sich heraus, dass das beiden viel Spaß machte. Bei Brid jedoch traf es offenbar einen Nerv. Sie malte konzentriert und mit Feuereifer, und hatte laut Danny ein sicheres Gespür für Farben und Formen. Seither wartete sie sehnsüchtig auf eine Wiederholung der Aktion.

»Lernen die Kinder das Malen denn nicht in der Schule?«, hatte Danny gefragt.

»In der Schule? Da lernen sie Lesen, Schreiben und Rechnen. Vielleicht zeichnen sie mal was mit Buntstiften oder Filzern, aber nicht mit Farbtöpfen und -tuben.«

Colleen hatte zu ihrem Staunen erfahren, dass es in Deutschland richtigen Kunstunterricht gab. Sie riss sich zusammen. Da wollte sie den Einsatz der Studentin planen, und was machte sie? Sie schwärmte von ihrem Mieter.

Also. Maura sollte im Gästezimmer wohnen. Die Kinder würden damit leben müssen, dass es im Sommer kein eigenes Spielzimmer gab. Bestimmt verschmerzten sie das leicht; dafür bekamen sie ja jede Menge interessante Anregungen durch die Anwesenheit einer völlig neuen Person.

Ausgerechnet aus Dublin ... Hoffentlich war das Mädel keine zickige Großstadtpflanze! Aber sie studierte Tiermedizin; da musste sie ja wohl die Natur lieben.

»Mami!!!«

Das war Brid. Colleen warf den Rechen hin und rannte los. Der Schrei hatte dringlich geklungen. Ein Unfall? Sie fand die Mädchen zusammengekauert vor der Scheune. Brid schaute auf, als ihre Mutter ankam. Etwas Schlimmes war wohl nicht passiert, denn das Kind strahlte. Also bremste Colleen ab; sie wollte keine Panik verbreiten.

Aber was sie da sah, verschlug ihr einen Augenblick lang die Sprache: Am Boden lag ein sehr junger Hund, ein schwarz-weißes Fellbündel. Es war eindeutig ein Border Collie, ein irischer Schafhund. Er drückte den Bauch auf die Erde, schielte aus treuen Augen hoch und versuchte, dabei noch mit dem Schwanz zu wedeln.

»Schau, Mama, der ist zu uns gekommen. Können wir ihn behalten?«, rief Orla.

»Natürlich nicht«, antwortete Colleen spontan. War nicht die Unterhaltung, ob die Kinder ein Haustier haben durften, schon oft geführt worden?

»Aber er ist ganz allein! Bestimmt ist er furchtbar hungrig!«

»Und er ist so lieb! Und kuschelweich!«

Colleen konnte nicht widerstehen; sie musste überprüfen, ob das stimmte. So streichelten nun vier kleine und eine große Hand den Welpen. Der fand die Behandlung offensichtlich angenehm, obwohl er anfangs zurückgezuckt war. Nun rollte er sich auf den Rücken und bot seinen rosafarbenen Babybauch zum Kraulen an. Der Bauch war kein bisschen prall.

»Orla, schau mal in der Küche, da sind die übrigen Nudeln von gestern. Die Schüssel steht neben dem Herd. Mal sehen, ob er sie frisst.«

Oh ja. Er schlang die paar Reste, die Colleen ihm vorlegte, gierig hinunter.

»Mehr!«, bettelten seine braunen Augen.

»Mehr«, rief auch Brid. »Der hat noch riesengroßen Hunger.«

»Das ist möglich. Am Anfang darf man ihm nicht so viel auf einmal geben, sonst tut ihm sein kleiner Bauch weh.«

Jetzt leckte das Tierchen alle Hände, die es erreichen konnte.

»Das ist schon ein drolliges Kerlchen«, lachte Colleen.

»Süß ist er!«, bestätigte Orla, und gleichzeitig kam Brids Frage: »Dürfen wir ihn behalten?«

Ihre Mutter schüttelte den Kopf. »Das geht nicht. So ein netter Hund gehört ja sicher jemandem. Wir sollten den Besitzer finden.«

Natürlich musste das sofort passieren, und natürlich mussten beide Kinder dabei sein. Während Colleen seufzend alle im Auto angurtete, den winselnden Hund in eine offene Pappschachtel setzte, damit er nicht im Auto umherwuselte, und ihre verschmierten Gummistiefel mit sauberen Turnschuhen vertauschte, versuchte sie, ihre bösen Ahnungen zu unterdrücken. Sie kannte selbstverständlich die Leute in der näheren Umgebung. Da man sich regelmäßig im Pub, auf der Straße, vor der Schule oder im Supermarkt traf, und da so ein Treffen immer mit Austausch von Neuigkeiten verbunden war, wusste sie genau, dass keiner einen Wurf Hundewelpen hatte.

Dennoch fragten sie getreulich bei sämtlichen Nachbarn, ob jemand einen jungen Border Collie vermisste. Es dauerte lang, und sie erfuhr viele hochinteressante Dinge, aber der Hund gehörte niemandem. Ein Bauer meinte, er hätte das Tierchen gestern schon am Straßenrand auf dem Weg nach oben gesehen.

»Den hat wer ausgesetzt, kein Zweifel«, knurrte er.

»Ausgesetzt?«

»Ja, das tun manche Leute. Bringen unerwünschte Tiere im Auto weit weg von ihrem Wohnort und lassen die armen Viecher da einfach sitzen.«

Die Augen der Kinder wurden groß vor Entsetzen. Colleen schüttelte nur den Kopf. Wie grausam die Menschen sein konnten! Brid weinte leise, das kleine Fellbündel weinte laut, und Orlas Stimme klang auch verdächtig dick: »Mama ...« Mehr bekam sie nicht heraus.

In diesem Augenblick konnte Colleen ganz deutlich in die Zukunft blicken. Sie wusste genau, was geschehen würde. Aber noch wehrte sie sich.

»Ich weiß, was wir machen«, schlug sie mit erzwungener Munterkeit vor. Wir fahren nach Dingle zum Tierarzt. Der kennt vielleicht den

Hund und sagt uns, wo er hingehört. Wir wollen ihn doch wieder zu seiner Mami bringen, oder?«

Lang blieb es still im Auto. Dann sagte Orla böse: »Die haben ihn aber *ausgesetzt* ...«

Wahrscheinlich dachten die Kinder an das deutsche Märchen von Hänsel und Gretel, vermutete Colleen. Das hatte sie ihnen neulich vorgelesen. Sie spürte selbst einen Widerwillen dagegen, den Hund zurückzugeben, sogar, falls der Besitzer ausfindig zu machen wäre. Wer ein Haustier einfach irgendwo aus dem Auto schubsen konnte, musste vollkommen herzlos sein.

In der Tierarztpraxis erfuhr Colleen jedoch überhaupt nichts Neues, außer dass der Border Collie zwei Monate alt und vermutlich nicht reinrassig war. Keiner hatte ihn früher gesehen, und es wusste auch niemand von einem Wurf Hunde.

»Das muss allerdings nichts heißen«, sagte der junge Tierarzt. »Die Menschen auf dem Land erwarten von ihren Tieren, dass sie allein mit der Geburt zurechtkommen. Trotzdem hätte ich es vielleicht gehört.«

»Was machen wir denn jetzt?« Colleen fragte mehr, um ihre Gedanken zu klären, als in der Hoffnung auf einen guten Rat.

Man könnte den Findling in Tralee im Tierheim abliefern. Da würde er nach einer gewissen Zeit eingeschläfert werden, falls ihn niemand adoptieren wollte.

Colleen riss nun auch entsetzt die Augen auf. Zugleich war sie heilfroh, die Kinder diesmal im Auto gelassen zu haben.

Der Tierarzt zuckte die Schultern. »Was sollen sie tun? Sie haben keinen Platz für alle unerwünschten Hunde und Katzen … Es gibt wirklich viele davon.«

Nachdenklich schaute sie das kleine Fellbündel an, das zwar am ganzen Leib zitterte, aber dabei mit dem Schwanz wedelte und hoffnungsvoll zu ihr aufsah. Sie gab auf.

»Muss er geimpft werden?«, fragte sie. »Braucht er sonst irgendwas?«

»Zum Impfen soll er in vier Monaten kommen. Jetzt geb ich ihm ein Entwurmungsmittel, das kann nie schaden.« Sorgfältig teilte er eine Tablette in vier Stücke. Eins davon gab er dem Hund, die anderen bekam Colleen mit der Anweisung, wie sie verabreicht werden sollten.

»Was bin ich schuldig?«, erkundigte sie sich.

Der Tierarzt lächelte. »Diesmal nichts. Ich freu mich, dass der arme Kleine ein Heim gefunden hat …« Und er schenkte ihr noch eine große Tüte mit Welpenfutter und ein quietschendes Hundespielzeug.

Im Wagen schauten ihr zwei Kinder mit gespannten, blassen Gesichtern entgegen.

»Wir behalten ihn«, verkündete sie.

Zur Gartenarbeit kam sie an diesem Donnerstag nicht mehr. Die Kinder waren außer Rand und Band vor Freude mit dem Tier. Sie zeigten ihm den ganzen Hof mit allen Nebengebäuden. Dabei schleppten sie ihn immer abwechselnd, und Colleen musste ein Machtwort sprechen, damit er selbst laufen durfte.

»Wie soll er denn heißen?«, erkundigte sie sich. »Wir können ihn ja nicht einfach bloß *Hund* nennen.«

»Wuschel!«

»Pelzi!«

»Schwarzi!«

»Hach, ich weiß: Hänsel!«, rief Brid.

Orla widersprach: »Nein, ich finde, er muss so heißen wie ein großer Held. Oder ein Entdecker, weil er uns entdeckt hat …«

Schließlich einigten sie sich auf Fionn – nach einer irischen Sagengestalt. Während die Kinder draußen vergeblich versuchten, ihrem Schützling das Sitzen beizubringen, machte Colleen das Abendessen. Am Donnerstag fing Danny später an zu arbeiten, da aßen sie alle zusammen, ebenso wie am Sonntag und Mittwoch. An den anderen Tagen kochte sie noch, bevor sie zum Pub fuhr. Seine Portion richtete sie auf einem Teller an, und er wärmte es am Spätnachmittag in der Mikrowelle auf. Auf die Art konnte sie sich nach der Arbeit dem Garten und den Kindern widmen, weil das Essen schon fix und fertig war.

Sie zerpflückte gerade Kopfsalat, als sie draußen eine Männerstimme hörte. Das musste Danny sein, der in Dingle gewesen war, um nach Künstlerbedarf zu suchen. Wahrscheinlich führten die Mädchen ihren Border Collie vor. Sie schmunzelte. Plötzlich raste Orla durch die Küche und die Treppe hinauf. Nanu! War etwas passiert?

Draußen rief Brid schrill: »Nein! Nicht!«

Colleen ging zur Tür und schaute nach, was los war.

Was sie sah, versetzte sie schlagartig drei Jahre zurück. Da stand ein Mann über ein Kind gebeugt, das am Boden kauerte, und zog gerade seinen Gürtel aus den Laschen.

Colleen war mit einem Satz bei ihnen. Sie riss Brid in ihre Arme und fauchte Daniel an: »Raus hier! Du gehst auf der Stelle! Ich will dich nie wieder sehen!«

Das Kind zappelte. »Mami! Lass mich runter! Danny will Fionn beibringen, wie man an der Leine geht. Aber mit dem Gürtel erstickt er doch, oder?«

Danny war einen Schritt zurückgewichen. Er sagte nichts, starrte sie nur erschrocken an. Verwirrt setzte Colleen ihre Tochter auf den Boden. Nur langsam verstand sie, was geschehen war. Sie hatte sich getäuscht, weil die Szene sie an frühere Erlebnisse erinnerte. Dabei ging von Daniel gar keine Gefahr für sie oder ihre Kinder aus – er wollte nur helfen. Meine Güte, und sie hatte ihn angeschrien und fast hinausgeworfen!

Sie presste die Hände an die Schläfen. »Oh, Danny«, stieß sie hervor, »bitte verzeih! Ich hab was Falsches gedacht – entschuldige. Ich hab nichts von dem gemeint, was ich gesagt habe …«

Er schwieg einen Augenblick. »Ist schon in Ordnung, Colleen. Du bist ja ganz blass. Was ist denn passiert?«

Ihr war tatsächlich schwindlig, und ihr Schädel brummte, doch sie schüttelte den Kopf und flüchtete in die Küche zurück, wo ihr Orla begegnete, mit einem dicken Strick in der Hand.

»Daraus machen wir ein Halsband für Fionn«, erklärte sie atemlos und rannte aus der Tür.

Colleen musste sich setzen. Niemals vorher hatte sie derartig falsch reagiert. Und ausgerechnet Danny gegenüber, bei dem sie sich von Anfang an sicher gefühlt hatte! Der Schock hatte sie besonders tief getroffen, weil sie von dem jungen Mann nichts dergleichen erwartet hatte. War es ihr Unterbewusstsein, das sie daran hindern wollte, noch einmal jemandem zu vertrauen? Hatten die Erfahrungen mit ihrem Exmann sie für alle Zeiten geprägt? Das durfte nicht sein. So wollte sie nicht leben.

Plötzlich drückte ihr Daniel ein Glas Wasser in die Hand und setzte sich zu ihr.

»Trink«, ordnete er an. »Eigentlich solltest du was Stärkeres bekommen. Hast du Whiskey oder Cognac im Haus?«

Colleen winkte ab. Alkohol konnte kaum helfen.

»Es tut mir so leid«, wiederholte sie. »Ich hab die Situation komplett falsch interpretiert.«

»Wie denn?«

Colleen schämte sich. »Ich dachte … dass du Brid schlagen willst«, murmelte sie mit gesenktem Kopf.

»Mit dem Gürtel? – Das würde ich niemals tun!« Er war sichtlich entsetzt.

»Das weiß ich ja eigentlich genau, bloß …« Jetzt brach sie endgültig in Tränen aus. Daniel nahm sie in den Arm und strich sanft über ihren Rücken.

Es dauerte eine ganze Weile, bis die Flut versiegt war. Colleen lehnte den Kopf an seine Schulter und heulte sich ordentlich aus. Sein Hemd roch nach Sonne und Wind, und seine liebevolle Geduld tat ihr gut. Schließlich aber setzte sie sich energisch auf und putzte sich die Nase. Er hatte eine Erklärung verdient.

»Mein Exmann hat es getan«, sagte sie entschlossen. »Er hat mich geschlagen, und einmal wollte er Orla mit dem Gürtel verhauen. Du hast in dem Moment da draußen genauso ausgesehen wie er damals. Deshalb hab ich mich so aufgeregt.«

Seine behutsamen Fragen brachten nach und nach die ganze Geschichte zutage. Colleen sprach sonst nie darüber; sie merkte jedoch mit Verwunderung, dass es sie erleichterte.

Zuletzt schüttelte sie sich. »Danke fürs Zuhören, Danny. Aber genug jetzt! Das ist ja alles längst vergessen, oder zumindest sollte es das sein. – Zeit fürs Abendessen!«

Es war gut, dass die Kinder an nichts anderes denken konnten als an den neuen Hund, sonst hätten sie die seltsame Stimmung spüren müssen. So machten sie hundert Pläne, was Fionn in den nächsten Tagen lernen und tun würde. Als sie schließlich darum stritten, bei wem er nachts im Bett schlafen durfte, schritt Colleen ein.

»Fionn ist ein Border Collie, kein Schoßhündchen. Er schläft draußen im Schuppen.«

Natürlich löste diese in den Augen der Kinder grausame Bestimmung empörten Protest aus; ihre Mutter blieb allerdings eisern.

»Er hat ein dickes warmes Fell. Frieren wird er bestimmt nicht. Und ich glaube nicht, dass er sich fürchten wird. Diese Rasse ist abgehärtet. Ihr habt ihm doch sogar den Namen eines berühmten Helden gegeben. Wir machen die untere Hälfte der Tür zu, dann läuft er nicht weg, und es kann auch niemand zu ihm hinein.«

»Vielleicht winselt er in der ersten Nacht ein bisschen«, griff nun Danny ein. »Aber er wird sich schnell daran gewöhnen, im Schuppen zu schlafen. Wahrscheinlich ist er ohnehin bisher in einer Scheune aufgewachsen. Wir richten ihm ein schönes Plätzchen her, ja?«

Ein schönes Plätzchen allein genügte natürlich nicht; es musste schon eine richtiges Häuschen sein. Glücklicherweise lagen genug Holzreste herum, und bald war Danny mit Säge und Schraubenzieher an der Arbeit. Es gelang ihm, eine gemütliche Hundehütte zusammenzubauen. Die Kinder schleppten eine alte Decke an, damit der junge Hund es warm und weich haben sollte. Am schwierigsten war es, Fionn in seine neue Wohnung zu locken, aber mithilfe von unzähligen Leckerlis schaffte Daniel auch das.

»Wir hatten daheim zwei Hunde, als ich klein war«, erzählte er. »Dackel waren das. Einer hieß Max und der andere Moritz, wie aus den Geschichten. Und sie haben ihren Namen alle Ehre gemacht!«

Da in Irland weder Dackel noch die berühmten Lausbuben bekannt sind, brachte das eine wahre Lawine von Fragen ins Rollen. Daniel entzog sich dem jedoch lachend; es war höchste Zeit für ihn, zum Pub zu radeln. »Ich erzähle morgen weiter, Ehrenwort!«, versprach er Brid und Orla.

Als Colleen ihre Töchter an diesem Abend endlich im Bett hatte, seufzte sie erleichtert. Es war ein aufregender Tag gewesen – und nun besaßen sie einen Hund. Sie gab sich keinen Illusionen hin: Die Kinder waren noch viel zu jung, um Fionn zu erziehen und ordnungsgemäß zu versorgen. Auf einer Farm gab es zwar genug Auslauf und Abwechslung, sodass man sich nicht dauernd mit ihm beschäftigen musste. Aber herumstreunen sollte er nicht, in ihren Beeten durfte er nicht buddeln, und in den Gewächshäusern hatte er nichts verloren. Und nirgends gab es richtige Zäune. Das würde eine Menge Mühe und Material kosten, bis das Gelände gesichert war. Und was war an den Nachmittagen, wenn sie in der Arbeit war und die Kinder in der Schule beziehungsweise bei den Großeltern?

Andererseits … Fionn war doch ein sehr liebenswerter Mitbewohner, und sie gönnte ihren Mädchen durchaus die Erfahrung, mit einem Haustier aufzuwachsen. Und sie bedauerte es nicht, ihm Asyl gewährt zu haben. Colleen schauderte bei der Vorstellung, wie die Zukunft des kleinen Hundes sonst ausgesehen hätte.

7

Maura reichte dem Tierarzt die Spritze mit der abgemessenen Menge Antibiotikum. Das Fohlen war nicht nur extrem unterernährt, es litt auch an einer Lungenentzündung. Kein Wunder! Das Tier war auf einem verlassenen Baugrundstück gefunden worden, wo es in einen Wassergraben gerutscht war, aus dem es sich nicht mehr herausarbeiten konnte. Nachbarn hatten das Wiehern der hilflosen Stute gehört und eine Tierrettungsorganisation informiert. Diese hatte beide Pferde geborgen und in ihren Ställen untergebracht. Hier waren sie zunächst in Sicherheit. Aber ob das Fohlen überleben würde, blieb fraglich. Der kleine Organismus war sehr geschwächt durch Hunger und Kälte. Auch die Mutter war in einem schlechten Allgemeinzustand, bei ihr jedoch lag es vor allem an Mangelernährung.

Es war wieder einer dieser Fälle: Jemand hatte sich Pferde angeschafft, vielleicht nur diese Stute, vielleicht mehrere. Dann war derjenige vermutlich arbeitslos geworden oder hatte sich aus anderen Gründen nicht mehr imstande gesehen, die Tiere zu unterhalten. In diesem Jahr war das Gras wegen der Kälte im Frühjahr viel zu spät gewachsen. Da fiel dem Besitzer die naheliegende Lösung ein: Die Pferde wurden in einen Anhänger verladen und irgendwohin gekarrt, wo er sie freiließ.

Einen Mikrochip hatten sie nicht, daher war natürlich kein Verantwortlicher ausfindig zu machen. Klar, Mikrochips kosten Geld. Sterilisation auch. Maura knirschte mit den Zähnen. Grausamkeit Tieren gegenüber machte sie so wütend!

Es gab viele Menschen, die zu helfen versuchten, und sie gehörte selbst dazu. Einen Abend pro Woche arbeitete sie mit einem alten Veterinär zusammen ehrenamtlich für die Organisation »Tierhafen«, die ein Stück nördlich von Dublin ihren Sitz hatte. Diese Sorte Hilfe jedoch musste Stückwerk bleiben, ein Tropfen auf den heißen Stein, wenn nicht neue Tierschutzgesetze in Kraft traten, deren Einhaltung scharf überwacht wurde. Wie das allerdings funktionieren sollte, war Maura auch nicht klar; sie hatte ja nicht Rechtswissenschaft studiert …

Das Fohlen war an diesem Tag der schlimmste Fall. Zwei Hunde waren abgegeben worden. Einer davon war gut gepflegt und hatte einen Chip. Da würde man die Leute finden, zu denen er gehörte. Das andere war ein Jack-Russell-Weibchen, das verwahrlost wirkte, aber sonst gesund war.

»Fertig für heute«, sagte Denis Conroy, der Tierarzt. »Lass uns heimfahren.«

Sie verabschiedeten sich, nachdem er der Leiterin noch einmal erklärt hatte, wie das Fohlen und die Stute zu pflegen waren.

Maura lud inzwischen die Geräte an ihren festen Platz hinten im Landrover. Denis arbeitete an zwei Tagen in der Woche als Landveterinär, obwohl er eigentlich schon im Ruhestandsalter war, deshalb hatte er eine geschickt ausgestattete Mobilpraxis im Wagen.

»Hol ich dich nächsten Donnerstag ab wie immer?«, fragte er, als sie sich Dublin näherten.

»Oh, ich hab ganz vergessen, dir Bescheid zu geben, Denis. Ich hab für die Semesterferien einen Job als Kindermädchen und Hilfsgärtnerin draußen im Westen angenommen.« Maura lachte in sich hinein. »Das wird eine nette Abwechslung sein für mich. – Jedenfalls kann ich erst im September wieder helfen.«

»Das ist sehr schade. Du bist wirklich tüchtig, Maura. Im Grunde könntest du jederzeit schon selbstständig als Tierärztin arbeiten.«

»Danke. Ist das dein Ernst?«

»Freilich, sonst würd ich's ja wohl nicht sagen«, knurrte Denis. »Es ist kompletter Unsinn, dass du dich noch ein Jahr auf Schulbänken herumdrücken sollst und einen Haufen Steuergelder verschluckst.«

Maura lachte. »Ich zahle schließlich ganz ordentlich Studiengebühren. Aber trotzdem vielen Dank für das gute Zeugnis. Würdest du mir das auch schriftlich geben?«

»Wenn's sein muss, könnt ich's sogar in Stein meißeln. Trinken wir als Abschied eins zusammen?«

Maura hatte nichts dagegen. Sie parkten das Auto und bummelten am Fluss entlang zu einem beliebten Pub, wo sie sich an ein Tischchen setzte, während Denis die Getränke holte. Sie beobachtete das bunte Treiben ringsum. Nur noch zwei Tage Großstadt – sie musste jeden Augenblick genießen. Wie es ihr wohl auf dem Land gehen würde? Hoffentlich war ihre entfernte Verwandte nicht unerträglich spießig … Hoffentlich gab es ein paar knackige Jungbauern dort …

Da fiel ihr Blick auf einen Mann an der Theke, der ihrem Knackigkeitsideal durchaus nahekam. Bloß war der Typ leider ihr Exfreund, der verlogene Bob. Das heißt, sie hatte keinen greifbaren Beweis dafür, dass er gelogen hatte. Andererseits hatte er nie versucht, die Dinge mit ihr zu klären. Sie hatte zwar seine E-Mail-Adresse gesperrt und seine Anrufe nicht entgegengenommen, aber er wusste schließlich genau, wo sie wohnte. Auf seine Nachricht von der Schulung hatte sie damals nur geantwortet: »Du lügst ja!« und sich dann nie wieder gemeldet. Wenn er das so auf sich beruhen ließ, hatte sie doch wohl vollkommen recht gehabt …

Der Mistkerl! Was bildete er sich eigentlich ein? Maura merkte, wie ihr Wutpegel anstieg, und sie fand, er musste bestraft werden. Sie schaute sich suchend um. Am Nebentisch tranken drei Damen Tee. Sie stand auf und fragte höflich, ob sie das Milchkännchen noch brauchten.

Als die drei verneinten, nahm sie es, trat hinter Bob, der sich angeregt mit zwei Touristinnen unterhielt und sagte freundlich: »Oh, hallo Bob. Nett, dich zu treffen!« Dann sah sie ihm tief in die Augen und schüttete gelassen einen ordentlichen

Schuss Milch in sein fast volles Bierglas. Dann kehrte sie triumphierend zurück an ihren Platz.

Denis stellte schmunzelnd ihren Gin Tonic und seinen Kaffee auf den Tisch. »Was war denn das für eine Aktion?«, erkundigte er sich.

Mauras Augen blitzten. »Der hat es verdient«, erklärte sie.

»Er sieht das offenbar selbst so. Jedenfalls ist er gerade gegangen.« Der Tierarzt lachte in sich hinein. »Hat grausig ausgesehen – Guinness mit Milch drin …«

Als sie sich später vor dem Lokal verabschiedeten, meinte er: »Maura, lass dir von einem alten Mann einen Rat geben: Häng dein Herz nicht an falsche Freunde. Liebe kann man nicht erzwingen. Wenn dir der Richtige begegnet, wirst du es merken. Und nun wünsch ich dir einen herrlichen Sommer in Kerry, und mir, dass ich einen halbwegs guten Ersatz für dich finde.«

Seine Worte klangen ihr lang im Ohr. Selbst im Bett dachte sie noch darüber nach. Natürlich hatte sie bereits einige Beziehungen gehabt. Bloß hatte es nie länger als ein, höchstens zwei Jahre gehalten. Wenn Denis recht hatte, waren die eben alle nicht für sie gedacht gewesen. Und es stimmte schon: Hinterher hatte sie keinem besonders intensiv nachgetrauert. Ein paarmal hatte sie sogar ein Gefühl der Erleichterung gespürt. Oder – wie jetzt – Wut.

Warum war die Liebe so schwierig für sie? Sie sah doch gut aus, sie war intelligent, sie war unterhaltsam. Was fehlte ihr? Ob Denis recht hatte?

Ob ihr der Richtige einfach noch nicht begegnet war?

Am nächsten Tag bekam sie eine E-Mail von ihrer Schulfreundin Sue, mit der zusammen sie auch die ersten zwei Semester studiert hatte. Danach jedoch war Sue nach Amerika gereist, um ihre Eltern zu besuchen, die seit ein paar Jahren in Montana lebten. Sie hatte sich dort in einen Farmer verliebt und war in den Staaten geblieben. Inzwischen war sie verheiratet und stolze Mitbesitzerin einer Ranch mit jeder Menge Rindern, Schafen und Pferden. Manchmal beneidete Maura sie heftig, war es doch ihr innigster Wunsch, in freier Natur mit Tieren zu arbeiten. Neugierig las sie, was Sue schrieb:

Hallo meine Liebe,

wann kommst du uns besuchen? Ich weiß, dass ich das jedes Mal frage – aber du tust es ja einfach nie. Jetzt ist die letzte Gelegenheit, mich noch rank und schlank zu erleben. Das wird sich in den kommenden neun Monaten dramatisch ändern …

Bingo! Du hast es erraten. Ja, echt, ich bin schwanger!!! Ich freu mich wahnsinnig! (Außer dass ich keinen Wein mehr krieg, das ist eher ätzend.)

Wie steht's mit dem Studium? Noch zwei Semester, stimmt's? Du solltest in Erwägung ziehen, für das letzte Jahr nach Cork zu gehen. Dr. Brendan Faulkner, der weltberühmte Equiden-Spezialist, wird dort eine Gastprofessur übernehmen. Ich weiß das, weil seine Familie aus der Gegend hier stammt, und die haben es überall herumposaunt – verständlicher Stolz. Pferdeartige Tiere sind dein Spezialgebiet; die Gelegenheit, bei Faulkner zu studieren, darfst du dir nicht entgehen lassen. Bewirb dich besser schnell, bevor die Tatsache bekannt wird!

Muss mit Jerry in die Berge, Pferde zusammentreiben (solang ich noch kann, wer weiß, wann sie mir das Reiten verbieten.)

Mach's gut, Kleine!

Sue

Das waren aufregende Nachrichten! Maura musste gleich in der Stadt versuchen, ein witziges Schwangerschaftsgeschenk zu finden. Vielleicht ein XXXL-Shirt für die zierliche Sue? Aber noch spannender war die Information über Professor Faulkner. Sie hatte all seine Veröffentlichungen gelesen und war eine glühende Verehrerin. Sein Buch »Ein Jahr mit den wilden Eseln« lag neben ihrem Bett – wie bei anderen Leuten die Bibel.

Sie wählte sich sofort in die Zentrale für Studienplätze ein und beantragte eine Stelle in Cork. Dass sie dort weder eine Wohnung noch Bekannte hatte, kümmerte Maura im Augenblick kein bisschen.

8

Wie die Zeit verging! Seit über vier Wochen wohnte Daniel nun schon im äußersten Westen Europas. Er war hochzufrieden mit der Entscheidung des Schicksals, ihn hierher zu verschlagen. Seine Unterkunft bei Colleen bot ihm genau, was er brauchte: ein bisschen Familienanschluss, wenn er das wünschte – und er wünschte es erstaunlich oft –, jede Menge Ruhe und Einsamkeit. Die Arbeit im Pub brachte ihm ausreichend Geld ein und machte ihm Freude. Er traf dabei interessante Menschen und lernte viel über das karge Leben im ländlichen Irland. Nebenher hatte er genügend Freizeit, um durch die Gegend zu streifen und Stoff zum Malen zu sammeln.

Fünf Gemälde waren fertig, unzählige Skizzen gezeichnet, und er musste neues Material besorgen. Das, stellte er fest, war hier nicht so einfach wie in London oder München. In Dingle hatte er nur einen winzigen Laden mit Schulbedarf gefunden. Da gab es zwar auch Zeichenpapier und Farben, aber nicht die richtige Sorte und kaum Auswahl. Schließlich fand Daniel durch Befragen einiger anderer ansässiger Maler heraus, dass man Farben, Leinwände und dergleichen am besten online bestellen musste. Sie gaben ihm zwei gute Adressen, die in Irland lieferten. Er erkundigte sich bei Colleen nach ihrer Postadresse. Sie schrieb sie ihm auf:

Colleen McDonnell
Ballinaboule
Ballyferriter
Dingle
County Kerry

»Nun noch die Postleitzahl und Hausnummer«, sagte Daniel.

Sie lachte. »Haben wir nicht. Angeblich soll in den nächsten Jahren so etwas eingeführt werden, aber bisher geht's auch so.«

Die Straßen hatten in der Regel keine Namen, Hausnummern gab es schon gar nicht, erklärte sie. Der Briefträger wusste eben, wo jeder wohnte. Daniel fühlte sich in eine andere Zeit zurückversetzt. Wie schön, dass es immer noch so klappte!

Colleen riet ihm, zusätzlich auf alle Fälle zur Poststation zu gehen und dort mitzuteilen, wer er war und wo er lebte. Die sonstigen Lieferdienste kannten ihre Adresse ebenfalls. Am besten sollte er also bei Bestellungen ihren Namen angeben. »Wenn niemand daheim ist, kriegt's der Nachbar, das funktioniert wunderbar. Die Lieferdienste kommen ja bis von Tralee oder Castleisland; das ist fast eine Stunde Fahrzeit. Die fahren nicht gern zweimal.«

Heute war ein besonders schöner Tag. Über den leuchtend blauen Himmel zogen friedliche weiße Wolken, über die grünen Hügel zogen friedliche Wolkenschatten, und es war wunderbar warm.

Daniel beschloss, den Berg hinter der Farm zu ersteigen. Einen Weg gab es nicht, aber man konnte ja genau sehen, wo man hinwollte. Der Anstieg war steiler, als er gedacht hatte, und er kam ordentlich ins Schwitzen. Dafür war der Ausblick von oben wirklich atemberaubend. Ballyferriter lag unter ihm, dahinter die weite Bucht mit den weißen Stränden; draußen erkannte er die Blasket Islands, und auf der anderen Seite stieg der Mount Brandon auf, der zweithöchste Berg Irlands. Daniel blieb lange sitzen. Er fotografierte nicht einmal – dieses Panorama war zu groß zum Malen, zu überwältigend.

Colleens Bericht über ihre ehelichen Erfahrungen ging ihm jedoch selbst hier nicht aus dem Sinn. Wer hätte gedacht, dass die selbstbewusste energische junge Frau von ihrem Mann misshandelt worden war? Menschenkenntnis schien sie doch zu haben. Wie hatte sie sich so täuschen können in dem Mann, den sie geheiratet hatte? Konnte er sich so geschickt verstellen, oder hatten ihn die Umstände geändert? Oder vielleicht der Alkohol?

Man konnte natürlich nie wirklich in die Leute hineinsehen, und unter Druck reagierte so mancher anders als erwartet. Danny zum Beispiel war eher ein ausgeglichener, ruhiger Charakter. Gewalt verabscheute er; Unstimmigkeiten versuchte er im Gespräch zu lösen. Die meisten Menschen, fand er, ließen sich durch klare logische Argumente bald umstimmen. Wenn er sich jedoch vorstellte, wie dieser Bill auf Colleen oder gar auf die kleine Orla oder Brid eindrosch, dann ballten sich seine Fäuste, und es wollte ihm kein einziges logisches Argument einfallen …

Daniel entspannte sich bewusst und grinste schief. Gegen einen irischen Farmer mit harten Arbeitsmuskeln hätte er wohl in einer körperlichen Auseinandersetzung kaum Erfolgschancen. Im Übrigen hatte Colleen die Übergriffe ja auch ohne seine Hilfe beendet. Und außerdem saß der Kerl im Gefängnis. Daniel gönnte es ihm von Herzen, obwohl dessen Schuld in dem Mordfall nicht eindeutig erwiesen zu sein schien. Ob Colleen ebenfalls an die Unschuld des Mannes glaubte?

Seine Gedanken schweiften ab. Als er sie gestern in den Arm genommen hatte, war es anfangs einfach eine freundschaftliche Geste gewesen. Aber die körperliche Nähe hatte durchaus andere Gefühle in ihm geweckt, und er hatte sich beherrschen müssen, um nicht seine Hände in ihrem duftenden Haar zu vergraben und sie fester an sich zu ziehen. Und dieser Wunsch, sie notfalls sogar mit den Fäusten zu verteidigen, war ebenfalls verdächtig. Er riss sich energisch zusammen. Colleen wollte nichts von ihm – warum auch? Sie, die selbstständige irische Farmerin mit einem großen Hof und auf dem besten Weg zum Erfolg, und dagegen er: ein Habenichts ohne Ziel im Leben, ein Vagabund auf der Flucht vor der Verantwortung im elterlichen Betrieb …

Den Abstieg nahm er zunächst in eine andere Richtung. Der Berghang wurde jedoch bald immer steiler, sodass er ausweichen musste und zuletzt etwas oberhalb der Burgruine landete.

Der Blickwinkel war gar nicht übel. Rasch knipste er ein paar Aufnahmen, bevor er seinen Skizzenblock herauszog und das Bild mit sicheren Strichen entwarf. Im Vordergrund ein Ginstergestrüpp, dahinter das Ödland mit dem dunkel aufragenden Turm, das abfallende Wiesenland mit dem Meer und den drei Berggipfeln im Hintergrund. Das musste er jetzt sofort malen; er hatte Zeit genug.

Mit langen Schritten überquerte er das Gelände. Als er sich der Steinmauer näherte, kam von unten ein Mann, der offensichtlich herüberklettern wollte. Daniel grüßte ihn mit der üblichen Floskel: »Hi, wie geht's?«

Der Bauer fuhr zusammen; er hatte ihn bisher nicht bemerkt. Er brummte eine Antwort und beugte sich über das Mäuerchen. »Hast du irgendwelche Schafe gesehen?« Dabei blickte er sich suchend um.

»Schafe? Nein, nirgends. Und ich komme von oben vom Berg. Da waren auch keine«, antwortete Daniel. Der andere hob einen Arm zum Gruß, wandte sich ab und ging davon.

Daniel hatte den maulfaulen Burschen erkannt: Es war der Betrunkene, der Colleen an einem seiner ersten Abende im Pub beschimpft hatte. Mike Flanahan hieß er. Seither hatte Danny ihn noch einige Male bedient, aber nicht mit ihm gesprochen. Als er die Mauer überstiegen hatte, verschwand der Farmer gerade auf der anderen Seite jenseits der Straße schräg über die Weide. Das erinnerte Daniel an sein unheimliches Erlebnis in der Mondnacht damals. Genau an dieser Stelle hatte jener Kerl die zwei Mäuerchen überklettert. Ach, und vorher hatte er wohl die Leiter versteckt. Ob sie noch da war? Daniel kehrte um, um sich zu vergewissern. Ja, sie lag an dem alten Platz. Wieder rätselte er, was das alles bedeutete. Und da er gern Kriminalromane las, überlegte er, wie man feststellen konnte, ob das Ding vielleicht häufiger benutzt wurde ... Schmunzelnd wand er eine dünne Blumenranke um einen Holm und das andere Ende in den daneben wachsenden Busch. Natürlich sollte er die Situation nun täglich kontrollieren – hoffentlich vergaß er es nicht. Zunächst aber stürzte er sich auf sein neues Gemälde und hätte fast die Zeit vergessen.

Colleen wartete schon auf Ablösung, als er mit leichter Verspätung im Pub auftauchte. Am Morgen waren beide nach all den heftigen Emotionen vom Vortag etwas verlegen gewesen. Inzwischen hatte die junge Frau zu ihrem energischen Selbst zurückgefunden.

»Wo bleibst du denn?«, fragte sie mit blitzenden Augen. »Du weißt doch, dass heut mein freier Abend ist. Die Kinder sind bei meinen Eltern, und ich kann tun und lassen, was ich will! Herrlich! Da hab ich's natürlich eilig.«

Er hatte gehofft, sie zu einem Besuch im Pub zu überreden, so wie damals, als er sie zum ersten Mal gesehen hatte. Aber vielleicht wollte sie wie letzten Freitag nach Dingle fahren. Und in der Woche davor war sie daheimgeblieben. Wenn sie ihm allerdings wegen seiner Trödelei böse war, könnte das Überreden schwierig werden.

Eifrig entschuldigte er sich: »Tut mir leid – ich hab was gemalt. Entschuldige.«

Sie lachte. »Ach was, war ja bloß Spaß. Wir gehen sowieso erst später aus. *Girls Night*, verstehst du?«

»Das kenn ich nicht.«

»Ach so«, neckte sie ihn. »In Deutschland ziehen wohl nur die Männer durch die Kneipen? – Ein fröhlicher Abend mit meinen zwei besten Freundinnen. Hier im Pub kommen wir auch vorbei. Bis später!« Und fort war sie.

Daniel bekam ganz ordentlich zu tun an diesem Freitag, denn viele Einheimische kamen auf ein Bier oder zwei, und inzwischen wimmelte die Gegend von Touristen, die ebenfalls die gemütliche Pub-Atmosphäre genießen wollten. Die Tür öffnete sich also sehr oft. Und jedes Mal flog Daniels Blick zu den Eintretenden. Es wurde jedoch beinahe elf, bis Colleen endlich auftauchte, begleitet von zwei anderen schönen Frauen: eine dunkel, eine blond, alle drei übersprudelnd gut gelaunt, alle drei auf gefährlich hohen spitzen Absätzen. Sie kamen zur Bar, und Colleen machte Daniel mit ihnen bekannt.

Die schwarzhaarige Sorcha Flannery war etwas größer als ihre Freundinnen. Sie hatte blitzblaue Augen, trug einen gewagt kurzen pinkfarbenen Minirock und eine eng sitzende lila Bluse, die ihre üppigen Formen betonte. Die Blonde hieß Linda Durham. Sie war zierlich und schlank, mit übermütigen braunen Augen und einer frechen Kurzhaarfrisur. Über hautengen Jeans trug sie ein buntes schmales Kleid, im Dekolleté und im Rücken weit ausgeschnitten.

Aber Colleen erst ... Sie hatte sich für den Abend herausgeputzt. Ihre grünen Augen wirkten mit Wimperntusche und Lidschatten noch rätselhafter, und der knallrote Lippenstift gab einen aufregenden Kontrast zu den dunkler roten Locken. Mit dem weiten halblangen schwarzen Rock und einem blaugrünen engen Top sah sie aus wie eine von den Fahrenden, eine Wahrsagerin vielleicht, oder eine keltische Zauberin. Dazu passten auch die bunten Ketten aus Glassteinen, die bei jeder Bewegung schwangen und leise klirrten.

Der Farbeffekt von allen dreien verschlug Daniel fast den Atem. Während er ihre Drinks mischte, prägte er sich die Details genau ein – er sah im Geist bereits die fertige Leinwand vor sich.

»Das macht fünfzehn sechzig«, sagte er und schob die Gläser über die Theke. »Ihr seht absolut fabelhaft aus.«

»Danke«, lachte Sorcha. »Das war auch so beabsichtigt.«

Colleen grinste, legte den Kopf schief und zwinkerte Daniel zu.

Dann entschwanden die Damen in die Ecke, wo an diesem Abend ein Fiedler und ein Gitarrist Musik machten. Bald gesellte sich noch einer mit der Box, der Knopfharmonika, dazu, und Linda zog eine *Tin Whistle* aus ihrer umfangreichen Handtasche und spielte mit. Heute gab es nicht genug Eingeweihte für einen *Set Dance*, aber einige Tänzer fanden sich doch für fröhliche Polkas oder schwungvolle Walzer.

Daniel hinter seiner Theke bedauerte es sehr, dass er nicht mitmachen konnte. Er schaffte es jedoch nur mit Müh und Not, die vielen Getränkewünsche der Gäste zu erfüllen und war mächtig erleichtert, als Tom Murphy höchstpersönlich nach einiger Zeit auftauchte und mithalf. Er wohnte über seinem Pub, so wie das früher üblich war, und er hatte gehört, wie laut und lustig es zuging.

»*Last order!*«, rief der Wirt um viertel nach zwölf.

Nach einem letzten Aufschwung ließ die Hektik nun endlich nach. Schließlich waren bloß noch sieben Gäste übrig. Da sperrte Tom die Tür zu und zog die Fensterrollos ganz herunter, sodass von außen kein Lichtschimmer mehr zu sehen war.

Und nun wurde es erst so richtig gemütlich. Einzelgespräche hörten auf, und es entspann sich eine ruhige Unterhaltung. Plötzlich lieh sich jemand Lindas *Whistle* aus und flötete eine wehmütige Melodie. Hinterher bat Colleen den *Boxplayer*, einen *Jig* zu spielen. Sie streifte ihre hohen Schuhe ab, stellte sich in Positur und tanzte in Strümpfen einen irischen Tanz, dass einem das Herz stehen blieb. Dabei hielt sie den ganzen Körper kerzengerade aufrecht und die Arme steif an den Seiten abwärts gestreckt. Bloß die Füße bewegten sich; sie machten die unglaublichsten Sprünge. Ihre Augen blitzten, und die roten Haare hüpften – es sah aus, als wäre die Frau schwerelos, als koste es keinerlei Anstrengung. Nach dem Stück fiel Colleen unter allgemeinen Begeisterungsrufen atemlos auf einen Stuhl, um wieder in ihre Schuhe zu schlüpfen.

Ein fremder Ire, der bis zuletzt geblieben war, sang ein wehmütiges Lied in einer merkwürdigen Sprache. Daniel kam es seltsam vor, kein Wort vom Text zu verstehen. Er fragte danach: »War das Gälisch?«

Der Mann lächelte. »Es war Irisch, unsere eigene Sprache.«

»Heißt das nicht Gälisch?« Daniel war verwirrt.

»Nun, die Engländer sprechen Englisch; die Deutschen sprechen Deutsch; die Franzosen sprechen Französisch. Und wir Iren sprechen eben Irisch. – Übrigens, ich bin John. John Walsh aus Limerick.« Er streckte ihm die Hand entgegen.

»Und ich bin Danny – aus Deutschland.«

Als Nächstes war der Wirt an der Reihe. Er schloss die Augen, jemand mahnte: »Schschscht!«, und Tom begann, mit todernster Miene zu singen. Es war eins von den langen lustigen Liedern mit unzähligen Strophen, die die Iren so lieben. Hier ging es um einen Flaschenzug, der immer abwechselnd einen gewissen Paddy und eine Ladung Ziegelsteine hochhob bzw. fallen ließ, und letztendlich um die Begründung, warum Paddy am Tag danach nicht auf der Baustelle erscheinen konnte. Es war umso komischer, als Tom beim Vortrag keine Miene verzog, und alle lachten herzlich.

»Los, Sorcha, sing uns auch eins!«, forderte Aidan, der Harmonikaspieler.

»Huh – was soll ich denn singen?«

»Den Folsom Prison Blues«, schlug ein anderer vor.

»Was Besseres fällt dir wohl nicht ein? Hast du denn überhaupt kein Herz?«, empörte sich Sorcha und nahm Colleen beschützend in den Arm, obwohl diese gar nicht besonders schutzbedürftig wirkte. Nun aber setzte sie sofort eine übertrieben tragische Miene auf.

»Ach so, ja ... tut mir leid, hab's nicht so gemeint«, entschuldigte sich der Mann.

Daniel hätte fast gelacht. Offenbar durfte man das Thema »Gefängnis« nicht erwähnen, wenn Colleen in der Nähe war, um ihr zartes Nervenkostüm nicht zu verletzen, saß doch ihr Exmann derzeit in Untersuchungshaft.

Schließlich konnte Sorcha überredet werden, »Me and Bobby McGee« vorzutragen. Es war erstaunlich, wie genau sie dabei Janis Joplin in Stimme und Ausdruck imitierte.

»Danny, jetzt bist du dran«, forderte Colleen.

»Ja, sing was Deutsches!«, rief Linda.

»Lili Marleen!«, wünschte Aidan.

Erst wollte Daniel abwehren, aber dann ließ er sich doch dazu überreden, ebenso wie die anderen zur Unterhaltung beizutragen. Seine Stimme war nicht schlecht, und er hatte während seiner Schulzeit in mehreren Musicals mitgespielt.

Etwas Deutsches also. Er entschied sich für das Lied vom Heideröslein, weil ihm gerade lyrisch zumute war. Zuerst fand er es schwierig, ganz allein und ohne Musikbegleitung zu singen, aber die Iren schafften das schließlich auch alle, da wollte er nicht hinten anstehen. Und sie waren ein ideales Publikum: Aufmerksam und still hörten alle zu, obwohl sie kein Wort verstanden.

»Sah's mit vielen Freuden«, sang er und schaute Colleen tief in die grünen Augen. Sie erwiderte den Blick gelassen; er hätte dabei allerdings fast den Text vergessen.

Seine Darbietung wurde mit Beifall belohnt, so wie alle anderen Stücke vor ihm auch. Hinterher jedoch wurde es wieder ruhiger. Colleen redete leise mit Tom Murphy, und Daniel wurde von John Walsh in ein Gespräch verwickelt. Die beiden stellten bald fest, dass sie sich gut verstanden. John war viel gereist und hatte überall die berühmten Galerien besucht, und er schätzte ebenso wie Daniel englische Kriminalromane und englische Filme.

Schließlich räumte der Wirt die letzten Gläser fort, und man ging heim. Daniel, der seit Beendigung seines Dienstes erst ein einziges Bier getrunken hatte, wurde damit betraut, die »Girls« der Reihe nach in Colleens Auto heimzufahren.

»Was hältst du von einem Frühstück um elf? Die Mädels sind ja bei meinen Eltern, da könnten wir ausschlafen.«

Daniel hatte nichts dagegen. Aber dass Colleen die Wörter *wir* und *ausschlafen* in einem Satz miteinander verwendete, trieb ihm die Hitze ins Gesicht …

9

Auch am Sonntag frühstückte die Familie in der Regel erst um neun oder halb zehn. An dem Tag hatte Colleen ja frei, und die Kinder mussten nicht zur Schule. Der scharfe Wind trieb Regenschauer über das Land – es war perfektes Wetter zum Malen. Daniel zog sich also zurück und arbeitete an der Leinwand mit den drei Frauen weiter. Er verwendete starke Farben und Kontraste, was ihm Freude machte, und er kam gut voran. Doch ausgerechnet Colleens Gesicht wollte ihm nicht gelingen. Er kratzte die Farbe mehrmals ab, bis er schließlich aufgab und seine Wirtin suchen ging. Er fand sie in einem Polytunnel, wo sie gerade junge Pflänzchen aus kleinen Töpfen in ein Beet setzte.

»Colleen, könntest du mir bitte zwanzig Minuten lang helfen?«

»Freilich; lass mich nur noch schnell die Tomaten setzen. Was brauchst du denn?«

»Ich brauche dein Gesicht«, rutschte es ihm heraus, bevor ihm klar wurde, wie lächerlich das klang. Er beeilte sich, die Angelegenheit zu erklären.

Die junge Frau starrte ihn an. »Was? Du hast mich gemalt?«

»Ja, mit deinen zwei Freundinnen. Ihr wart so schön bunt am Freitagabend, da konnte ich nicht widerstehen ...« Daniel war nicht ganz sicher, ob sie böse war.

»Das muss ich sofort sehen!«, rief Colleen, ließ die Tomaten liegen und lief ihm voraus ins Haus. Erst vor seiner Zimmertür blieb sie stehen, um ihm den Vortritt zu lassen. Er zeigte auf die Staffelei.

»Ah! Wie hast du das nur gemacht? Genau getroffen, und du hattest doch diesmal kein Foto, oder?« Begeistert wies sie ihn auf Details hin, auf Lindas Lidschatten und frechen Blick, Sorchas Schuhe und ihre blauen Augen.

Lächelnd hörte Daniel zu. »Ich kann mir Eindrücke gut merken«, meinte er, »und ich hab mir sofort vorgenommen, die Szene zu malen. Aber dein Gesicht krieg ich nicht richtig hin, deshalb wollte ich deine Unterstützung.«

Colleen lachte laut auf. »Meine Freundinnen malst du auswendig nach einer einzigen Begegnung, und mein Gesicht, das du täglich vor Augen hast, vergisst du? Na bravo!« Sie ließ sich jedoch bereitwillig von dem Maler in Positur bringen und hielt geduldig still, während er arbeitete.

Zuletzt stieß er einen zufriedenen Seufzer aus. »Danke, das war's.«

Sie sagte nichts, als sie das Bild wieder betrachtete.

»Gefällt es dir nicht?« Daniel war verunsichert.

Sie zögerte. Schließlich sagte sie: »Natürlich gefällt es mir. Aber du hast mich ja viel schöner gemalt, als ich wirklich bin ...« Sie errötete und fügte schnell an: »Jetzt muss ich mich um mein

Gemüse kümmern.« Schon war sie aus dem Zimmer geeilt.

Schmunzelnd prüfte er sein Bild und verbesserte hier und da noch eine Kleinigkeit, dann lehnte er es an die Wand zum Trocknen. Als Nächstes wollte er die Turmruine malen. Er kramte die Skizze heraus und suchte die Fotos auf seinem Computer. Ob man nicht den Blickwinkel leicht verändern sollte, sodass im Hintergrund die drei spitzen Berggipfel zu sehen waren? Er schaute aus dem Fenster. Der Regen hatte aufgehört, die Sonne strahlte vom Himmel, als hätte es noch nie schlechtes Wetter gegeben. Daniel schüttelte den Kopf. Dieses Irland überraschte ihn doch immer wieder. Er steckte die Kamera ein, zog die Jacke an und schlüpfte in seine Stiefel. Er wollte hinauf hinter den Turm steigen und nach der idealen Perspektive forschen. Fröhlich pfeifend machte er sich auf den Weg.

Eine Stunde später stapfte er durch das Heidekraut, den Kopf eingezogen und den Jackenkragen hochgeschlagen. Der Wind peitschte ihm dichte Regenschauer direkt ins Gesicht, und er war ordentlich durchnässt. Aber er hatte die beste Stelle gefunden und die nötigen Aufnahmen gemacht, daher konnte ihm das wechselhafte Wetter die gute Laune nicht verderben. Bloß war es schwierig, die Richtung zu halten, man sah ja vor lauter Wasser nicht, wohin man lief. Er merkte, dass er weiter hügelabwärts musste. Dabei geriet er an ein Bächlein, dessen Lauf er folgte. Hier war das Gras dick und weich, und bei trockener

Witterung wäre es sicher beschaulich, auf dem Rücken am Ufer zu liegen und in den Himmel zu blinzeln. Daniel grinste. Momentan wirkte es nicht so besonders einladend. Schließlich fand er eine Stelle, wo der Bach schmal genug zum Überqueren war. Er nahm einen kleinen Anlauf, sprang los und fasste auf der anderen Seite Fuß – aber nur für einen kurzen Augenblick, dann rutschte er ab und saß plötzlich im knietiefen eisigen Wasser.

Er hatte ein ausgeglichenes Gemüt, dieser kleine Unfall jedoch entlockte ihm ein paar saftige Kraftausdrücke. Ein Glück wenigstens, dass sein Fotoapparat wasserdicht war; er hatte beim Kauf darauf geachtet, um vielleicht auch Unterwasseraufnahmen machen zu können. Mühsam rappelte er sich auf. Der Boden war tückisch, und er rutschte ein zweites Mal aus. Diesmal fing er sich mit den Händen am Grund des Bächleins ab, sodass nun auch noch seine Ärmel bis über die Ellenbogen klatschnass wurden. Aber im Schlamm fühlte er etwas und hielt es instinktiv fest, während er endlich aus dem Bach kletterte.

Ein Stein war das nicht; es war eckig und flach. Vorsichtig wischte er das Ding im Gras ab. Ein Mobiltelefon! Daniel schüttelte den Kopf. Hatte jemand die glorreiche Idee gehabt, sein altes Handy an dieser Stelle zu entsorgen? Das war doch recht unwahrscheinlich. Oder verloren? – Schon eher. Wo hatte er nur in der letzten Zeit etwas über ein verschwundenes Telefon gehört? Es fiel ihm ein, noch ehe er auf dem schnellsten Weg die Straße erreichte.

Colleen riss die Augen auf, als er durch die Hintertür eintrat. Sie füllte gerade den Trockner mit der Wäsche, die eigentlich draußen aufgehängt werden sollte.

»Danny! Was ist dir denn passiert? Du siehst ja aus, als wärst du in den Teich gefallen!«

»Bach. – Schau, Colleen, was ich gefunden habe!« Er streckte ihr das verschmierte Handy entgegen.

Sie nahm es nur widerstrebend mit spitzen Fingern. »Hm, ein altes Telefon. Nokia … So eins hatte mein Exmann immer.«

Das passte. »Hatte es irgendein besonderes Merkmal?«

Sie lachte. »Du klingst ja wie der Kommissar im Fernsehkrimi … Aber er hat es tatsächlich gekennzeichnet, nachdem ich es einmal versehentlich verwechselt hatte. Hier hinten hatte er bei seinem seine Initialen eingeritzt – oh!« Sie hatte das Fundstück gedreht, um ihm zu zeigen, was sie meinte, und hatte dabei die eingekratzten Buchstaben entdeckt. Verwirrt starrte sie Daniel an.

Er nahm das Telefon wieder an sich, dann sagte er: »Ich muss mich umziehen. Wir reden später drüber, ja?«

»Du solltest auch eine heiße Dusche nehmen«, rief sie ihm nach. »Ich mach uns eine Tasse Tee.«

Seine schlammigen, nassen Sachen waren kurz darauf in der Waschmaschine, seine Stiefel standen an der Heizung, gut mit Zeitungspapier ausgestopft. Daniel saß mit seiner Hausfrau am Küchentisch vor einem dampfenden Haferl Tee. Das Handy lag zwischen ihnen, in eine Plastiktüte verpackt. Er berichtete seine Abenteuer, während Colleen tapfere Anstrengungen unternahm, ihre Erheiterung zu unterdrücken. Dann jedoch wurde sie ernst.

»Seltsam, dass du das Telefon gefunden hast. Soviel ich weiß, hat die Polizei angenommen, Bill hätte es verloren oder weggeworfen. Sie haben es gesucht, aber ohne Erfolg.«

»Was tun wir jetzt damit?«

»Ich denke, du solltest es gleich nach Dingle zur Garda bringen. Die Polizisten dort bearbeiten den Fall nicht selbst, doch sie werden es schon an die zuständigen Leute in Limerick weiterleiten.«

Da Colleen ohnehin um fünf die Studentin in dem Hafenstädtchen am Bus abholen wollte, konnte sie ihn mitnehmen. »Wenn es bei dir länger dauert, musst du halt per Anhalter zurückkommen«, meinte sie. »Und mach dir keine Gedanken wegen der Kocherei; ich hab ja noch Zeit genug, um das Abendessen herzurichten.«

Stimmt, daran hatte er gar nicht gedacht: Sonntag war er dran, und für heute hatte er Falafel geplant. Gut, dass Colleen so leicht umdisponieren konnte!

Sie brachten die Kinder samt Hund zu den Großeltern und fuhren los. Unterwegs stellte Daniel eine Frage, die ihm schon lang auf dem Herzen lag.

»Sag mal, Colleen, glaubst du, er hat es getan? Die Amerikanerin umgebracht, meine ich?«

Sie antwortete nicht gleich. Dann sagte sie: »Ich denke nicht. Bill war grob und brutal mir gegenüber, aber niemals im nüchternen Zustand. Ohne Alkohol war er – und ist er immer noch – ausgesprochen reizend, charmant und hilfsbereit. Die Polizei mag zwar relativ untüchtig sein; aber immerhin haben sie einen Alkoholtest gemacht: Er war stocknüchtern. Und außerdem ... ich meine, er wollte sie in dem einsamen Turm treffen ... Bestimmt hatte er eine Liebelei mit ihr vor, und sie hatte ja offenbar wenig dagegen. Sonst wäre sie schließlich nicht auf das Rendezvous eingegangen, oder? In so einem Fall hätte er sich doch von der sonnigsten Seite gezeigt, um sie zu verführen. Nein, ich glaub nicht, dass er sie ermordet hat.«

Daniel nickte. Es klang logisch und überzeugend, vor allem von einer Person, die Bill sehr genau kannte, und zwar nicht nur von dessen Schokoladenseite. »Bist du nie verdächtigt worden? Wegen Eifersucht vielleicht?«

Sie warf ihm einen ungläubigen Blick zu. »Eifersucht? Auf eine amerikanische Touristin? Wir leben seit drei Jahren getrennt und sind geschieden! – Aber ich hätte natürlich trotzdem unter Verdacht geraten können. Bloß hatte ich ein perfektes Alibi.«

»O je!«

Colleen lachte. »Ja, du sagst es. Die mit dem sichersten Alibi sind immer die Mörder. Nein, in diesem Fall war es tatsächlich eindeutig. Ich habe mit Sorcha und Linda in meinem Zimmer Kleider anprobiert und Sekt getrunken. Wir waren zu einer Hochzeit eingeladen und hatten ein paar

Sachen gekauft … Die Kinder waren auch dabei. Es war furchtbar lustig.«

Offenbar fand sie, das klänge zu herzlos, deswegen ergänzte sie nach einem Seitenblick: »Wir hatten ja keine Ahnung, was draußen gerade passierte. Wenn wir aus dem Fenster geguckt hätten, anstatt in den Spiegel, hätten wir vielleicht sogar den Täter gesehen. Obwohl, es war schon dämmerig. Im März wird es noch früh dunkel, und es war ohnehin ein trüber Tag. Ich erinnere mich, dass wir gleich am Anfang das Licht anknipsen mussten.«

Daniel schaute durch die Seitenscheibe, ohne etwas von der herrlichen Landschaft zu sehen. Vor seinem inneren Auge spielte sich eine Szene ab, die seine volle Aufmerksamkeit beanspruchte: Drei schöne Frauen umringt von farbenfrohen seidenen Blusen, Kleidern, Röcken, hochhackigen Sandalen, vielleicht auch Spitzendessous … Abwechselnd probierten sie Kombinationen aus, drehten sich vor dem Spiegel, lachten, nahmen einen Schluck aus Sektkelchen. Die Kinder spielten ebenfalls Verkleiden und stöckelten übermütig in viel zu großen Schuhen auf und ab … Draußen das dämmerige Ödland, drinnen der gemütliche Lichtschein … Da wäre er gern Mäuschen gewesen! Er riss sich zusammen, als sie über die Brücke nach Dingle rollten. Kurz darauf verabschiedete er sich von Colleen und betrat die Polizeistation.

Linkerhand gab es eine Art Schalterfenster mit zwei offenbar gelangweilten Beamten dahinter. Einer stand auf, um Daniels Anliegen anzuhören.

»Ich habe dieses Handy in einem Bach bei Ballyferriter gefunden, und ich denke, es gehört Bill Garvey. Das ist der, den man wegen Mordverdacht festhält.«

Der Polizist maß ihn mit einem argwöhnischen Blick. Auch der andere hinter ihm stutzte und horchte. Immerhin wurde Daniel in ein Extrazimmer gebeten, wo er berichten musste, wo und wie er das Telefon entdeckt hatte, und warum er glaubte, es sei Bills Eigentum. Als er gerade seine Erzählung beendet hatte, ging die Tür auf, und sein Bekannter aus dem Pub vom Freitag kam herein.

Erstaunt sah Daniel auf. »John! Hallo.«

John Walsh reichte ihm die Hand. »Hallo, Danny. Ich habe neulich nicht erwähnt, dass ich Kriminalkommissar bin. Es erschwert freundliche Unterhaltungen, habe ich festgestellt, wenn die Leute von meinem Beruf wissen. – War ein netter Abend, nicht?«

Daniel merkte sofort, dass der Kommissar wohl recht hatte: Er ertappte sich dabei, misstrauisch und unsicher zu reagieren. Ärgerlich schüttelte er das Gefühl ab und antwortete lächelnd: »Ja, nett und unterhaltsam.«.

»Ich hatte ein paar Tage Urlaub, und habe sie zum Golfspielen auf dem Platz in Ballyferriter genutzt. Da war ich schon öfter; herrliche Landschaft, stimmt's?« Dann wurde er sachlich. »Ich bearbeite den Fall Bill Garvey. Deshalb trifft es sich gut, dass ich vor der Heimfahrt noch hier in der Polizeistation Halt gemacht und meine

Telefonnummer hinterlassen habe. So konnten sie mich schnell erreichen. Ich war erst ein paar Kilometer entfernt und bin sofort umgekehrt.«

Danny erzählte ein weiteres Mal die Geschichte von seinem Fund. Die Aussage wurde protokolliert und getippt. Dann musste er unterschreiben. »Und jetzt?«, fragte er.

»Jetzt nehme ich das Handy mit, fahre heim und gebe es den Technikern – nicht, dass die irgendetwas finden werden; nach drei Monaten im Schlamm sind wohl kaum noch Spuren übrig. Und du fährst ebenfalls heim. Wenn du über weitere Hinweise stolperst, meldest du dich besser gleich bei mir.« John gab ihm eine Visitenkarte mit der Dienstnummer.

Daniel schaute auf die Uhr. Es war halb sieben. Vielleicht war es am besten, hier in Dingle noch schnell etwas zu essen, bevor er sich an den Straßenrand stellte, um heimzutrampen.

John hatte seinen Blick offenbar gesehen. »Hast du es eilig?«, wollte er wissen.

»Nicht eilig. Hungrig bin ich. Und ich muss um acht im Pub antreten und habe kein Auto.«

»Pass auf, wir essen zusammen, dann bring ich dich zurück nach Ballyferriter«, schlug John vor.

»Das kann ich nicht annehmen«, widersprach Daniel verlegen.

»Doch, doch. Ich wollte unterwegs ein Sandwich kaufen und im Auto essen, aber eigentlich finde ich das immer scheußlich unbefriedigend. Und du hast dich um die Angelegenheit verdient gemacht. Gleich um die Ecke ist ein nettes

Restaurant mit guter Küche. Es ist weniger überlaufen als die anderen. Also los!«

Er ließ keinen Einspruch gelten, und schon fünf Minuten später saßen sie in dem winzigen Lokal und studierten die Karte. Die Auswahl war klein, aber fein, die Einrichtung schlicht und geschmackvoll, und das Essen hervorragend und preiswert. John Walsh war ein Feinschmecker, wie sich herausstellte, und er unterhielt Daniel mit Schilderungen von Essgewohnheiten aus aller Welt. Schnell war jede Verlegenheit vergessen. Die zwei Männer genossen ihr Zusammensein.

Später im Wagen kam John noch einmal auf den Fall zu sprechen. »Ich weiß, dass du die hiesigen Polizisten für Versager halten musst. Schließlich hätte eine ordentliche Suche das Handy bald zutage gefördert. Aber zuerst waren ja nur die zwei örtlichen Streifenbeamten am Tatort. Und die *Garda* in Dingle hat es höchstens mal mit betrunkenen Autofahrern zu tun, oder mit Ruhestörung durch jugendliche Disco-Besucher, aber bestimmt nicht mit Mord. Es wusste auch niemand, dass ein Telefon vermisst wurde. Bill Garvey hat es selbst erst am nächsten Tag gemerkt; er war ganz durcheinander, verständlicherweise. Er hatte ausgesagt, die Amerikanerin hätte ihn angerufen, bevor er die Ruine erreichte. Es war ihr wohl langweilig und etwas unheimlich in der Dämmerung gewesen. Dann hörte sie ein Geräusch im Turm – sie hatte draußen gewartet – und beendete das Gespräch mit der Aufforderung an ihn, sich zu beeilen. So sagte Bill. Als wir ihn baten, sein Telefon vorzulegen, konnte er es nicht und er wusste auch nicht, wo es sein könnte.

Da die Frau ebenfalls kein Handy bei sich hatte, nahmen wir seine Aussage nicht ernst. Trotzdem schickte ich Spezialisten auf die Suche; es war ja immerhin möglich, dass Bill das Ding auf seiner Flucht irgendwo verloren hatte. Falls es uns gelang, die Liste der Anrufe zu kopieren, hätte uns das einen Schritt weitergebracht. Allerdings hatte es zwei Tage lang heftig geschüttet, und der Bach war weit über seine Ufer getreten. Es war nichts zu finden. Du bist ja offensichtlich, wenn ich das richtig verstanden habe, viel weiter unten ins Wasser gerutscht. Kann schon sein, dass die Fluten das Telefon weggeschwemmt haben.« Er schwieg nachdenklich.

Daniel fragte: »Ist es denn nicht merkwürdig, dass die Frau kein Telefon dabeihatte?«

John warf ihm einen Seitenblick zu. »Doch, das ist seltsam.«

»Die Frau, mit der Bill verheiratet war –«

»Colleen McDonnell, ja. Was ist mit ihr?«

»Sie hält ihn für unschuldig.«

»Ich weiß. Ich habe ja auch gewisse Zweifel. Aber im Augenblick gibt es keinerlei Beweise für seine Unschuld, und nur Indizien, die auf seine Schuld hindeuten. Er war dort, und er hatte ihr Blut auf Händen und Kleidung. Er war mit ihr verabredet, was er leugnete, und er war bekannt für einen Hang zu Gewaltausbrüchen. – Wir sind da.«

Daniel bedankte sich herzlich für die Fahrt. John wehrte ab. »Das ist schon gut. Ich komme trotzdem noch bei Tageslicht heim. Es hat mich gefreut, dich wiederzutreffen. Melde dich, sobald dir etwas komisch vorkommt, ja?« Er wendete und fuhr zurück.

Während seiner Arbeit hinter der Theke hatte Daniel genug Stoff zum Grübeln – gut, dass heute nicht besonders viel los war. Was sollte ihm denn komisch vorkommen? Hieß das, der Kriminalkommissar erwartete weitere Ereignisse? Meinte er etwa ... Er stutzte. Das musste er einmal durchdenken: Wenn Bill nicht der Täter war, dann hatte ein anderer die Frau erschlagen. Im Gefängnis saß aber nur Bill. Also war der oder die andere weiterhin auf freiem Fuß, und zwar vielleicht gerade hier in der friedlichen Gegend um Ballyferriter! Daniel sah sich um. Einen Augenblick lang betrachtete er die Gäste mit anderen Augen. Konnte die fröhliche ältere Malerin in der Ecke eine Mörderin sein? Oder der stille junge Mann am Ende der Theke? Etwa die zwei Farmer im *Snug*? Die Kuratorin des kleinen Museums dort am Tischchen? Er schüttelte sich. So konnte und wollte er nicht denken und leben! Er beschloss, die ganze Geschichte ad acta zu legen und sich auf das Hier und Jetzt zu konzentrieren. Und die liebenswerten Iren wieder als Menschen zu betrachten, nicht als Monster. Denn liebenswert waren sie wirklich. Er hatte nun schon so viele kennengelernt, die ihm gute Freunde geworden waren: Tom Murphy zum Beispiel, oder John Walsh, der sympathische Kriminaler, oder Colleen ...

Inzwischen hatte er herausgefunden, warum sie nicht Garvey hieß wie ihr Exmann. Offenbar war es in Irland absolut üblich, dass Frauen ihren eigenen Namen behielten. Man konnte auf Wunsch auch einen gemeinsamen Familiennamen erhalten, entweder den des Mannes oder den der Frau. Während Daniel die ersten Biere zapfte, dachte er an ihre schönen Haare. Sie dufteten nach Rosmarin …

10

Maura saß im letzten Bus ihrer heutigen Reise: erst von Dublin nach Limerick, dann nach Tralee, und nun also nach Dingle. Nicht schlecht, dachte sie, als das Fahrzeug über die Passhöhe fuhr und jenseits wieder Meer zu sehen war, gar nicht schlecht. Die Grafschaft Kerry hatte sie vorher noch nie besucht; ihre Eltern waren meist nach Donegal im Norden in Urlaub gefahren, oder auch nach Cork im Süden.

Sie war wirklich gespannt, was ihr der Sommer bringen würde. Na, wenn es ihr zu blöd wurde, würde sie einfach abhauen. Wenn zum Beispiel die Kinder schrecklich waren, oder die Kartoffeln aufsässig, oder das Unkraut ihr über den Kopf wuchs … Aber eigentlich hatte sie nicht die Absicht, sich unterkriegen zu lassen; das entsprach nicht ihrem Naturell. Maura war eine Kämpferin.

In Dingle stieg sie aus und zerrte ihre zwei riesigen Koffer aus dem Gepäckabteil. Dann schaute sie sich suchend um. Eine rothaarige Frau kam auf sie zu.

»Hallo, du musst Maura sein. Ich bin Colleen. Herzlich willkommen – ich bin ja so froh, dass du da bist.«

Die warmherzige Begrüßung tat Maura gut, und die lebhafte, offene Art der Frau gefiel ihr.

Nur betrachtete Colleen das Gepäck etwas zweifelnd. »Hoffentlich denkst du nicht, bei uns gibt es dauernd große Gesellschaften und Partys. Das ist nämlich nicht der Fall.«

Die Studentin schüttelte lachend ein paar Haarsträhnen aus dem Gesicht. »Das sind nicht lauter Cocktailkleider und Stöckelschuhe, Colleen. Ich muss im November meine Diplomarbeit abliefern und habe meinen Laptop und diverse Bücher mitgeschleppt. Und Gummistiefel und etliche Arbeitshosen und Pullover …«

»Das klingt vernünftig. Also los, auf den Wagen mit dem Zeug!«

Maura grinste, als sie gemeinsam die schweren Koffer auf die Ladefläche wuchteten. In einem Pick-up war sie noch nie gefahren.

Unterwegs erklärte Colleen, wie sie sich Mauras Hilfe vorgestellt hatte. Von neun bis drei sollte sie sich um die Mädchen kümmern und im Garten mithelfen. Anschließend würde sie die Kleinen zu den Großeltern bringen.

»Mit den Kindern kannst du ruhig auch im Garten was tun, wenn ich weg bin. Ich möchte gern, dass sie ein bisschen in die Sache hineinwachsen.« Colleen fing Mauras schrägen Blick auf und lachte schon wieder. »Ich meine nicht, Obstbäume zu schneiden und Beete umzugraben! Eher so was wie Erdbeeren pflücken und in Körbchen packen, oder Erbsen pulen.«

»Ach so. – Ich muss gestehen, dass ich nicht viel vom Gemüseanbau verstehe … aber Erdbeeren erkenne ich schon.«

»Na, du wirst bald auch wissen, wie Gelberüben und Rosenkohl wachsen. Sag, hast du denn Erfahrung mit Kindern?«

»Nein, außer dass ich selbst eins war.«

»Das sollte genügen, wenn du dich nämlich lebhaft daran erinnerst. Orla und Brid sind nicht besonders schwierig. Sie freuen sich auf dich, vor allem, seit sie erfahren haben, dass du Tiermedizin studierst.«

Maura hörte interessiert zu, als Colleen die Geschichte vom kleinen Hund erzählte. »Das ist niederträchtig, so einen hilflosen Welpen einfach auszusetzen!«

»Ja, stimmt. Er muss ein, zwei Tage unterwegs gewesen sein, bevor er zu uns kam. Anfangs war er ziemlich ausgehungert, aber inzwischen ist er wohlgenährt und munter. Kennst du dich mit Hunden aus? Ich meine, mit ihrer Erziehung?«

»Ja, wir hatten daheim zwei Jack Russells. Die kann man praktisch nicht erziehen, weil sie Terrier sind ... Aber im Ernst: doch, mit Hunden komme ich gut zurecht. Border Collies sind ohnehin sehr gelehrig. Sie sind ganz heiß darauf, die Wünsche ihres Herrchens oder Frauchens zu erfüllen. Ich werde den Mädchen zeigen, wie sie mit ihm umgehen sollen, wenn du willst.«

»Oh, gern, damit wäre mir sehr geholfen. Bei uns auf der Farm hat es natürlich auch Hunde gegeben, aber die wurden wirklich zur Arbeit eingesetzt, und ich hatte nie viel mit ihnen zu tun. – Übrigens, am Samstag und Sonntag hast du natürlich frei, Maura.«

Bei ihrer Ankunft auf der Farm waren die Kinder nicht da; sie wurden erst etwas später von den Großeltern abgeliefert. Colleen half Maura, ihr Gepäck zum Gästezimmer zu schleppen und zeigte ihr das Haus. Dann ließ sie die Studentin erst mal allein, damit sie in Ruhe auspacken konnte.

Maura sah sich zufrieden um, nachdem sie ihre Sachen untergebracht hatte. Das war ein gemütliches Zimmer, nicht sonderlich groß, doch sauber und funktionell eingerichtet, mit einem stabilen Schreibtisch am Fenster und freundlichen gestreiften Vorhängen. Hier würde sie mit ihrer Arbeit gut vorankommen, hoffte sie. Hocherfreut war sie über das winzige Bad gleich nebenan. Es lag zwar unter der Dachschräge, und Maura hatte sich schon zweimal den Kopf gestoßen, aber es war nur für sie reserviert. Colleens Eltern hatten es vor vielen Jahren eingebaut, und damals mit den drei Söhnen teilen müssen. Außerdem hatte es nur noch im Erdgeschoss eine Toilette gegeben. Erst als zuletzt ein kleines Mädchen zur Familie gekommen war, wurde ein Anbau mit zwei zusätzlichen geräumigen Schlafzimmern mit eigenen Badezimmern oben und der riesigen Wohnküche unten hinten an das Haus gesetzt.

Auch mit den Arbeitszeiten und der Bezahlung war Maura einverstanden. Colleen wollte ihr jede Woche hundert Euro geben. Das war nicht viel, wenn man es in Stundenlohn umrechnete, als Taschengeld war es jedoch prima. Maura musste nicht knausern; ihre Mutter unterstützte sie großzügig. Im Übrigen hatte die junge Frau ihre

Studentenbude in Dublin für die Ferienzeit an eine Freundin weitervermietet. So weit so gut, dachte Maura. Jetzt war sie gespannt auf die Kinder.

Aber auch in dieser Beziehung erlebte sie eine angenehme Überraschung: Die zwei hübschen Mädchen zeigten sich wohlerzogen und aufgeschlossen, ohne aufdringlich zu sein.

»Ist es wahr, dass du Tierärztin bist?«, fragte die kleine Brid.

»Noch nicht. Ich lerne erst einmal genau, wie ich den Tieren am besten helfen kann. In einem Jahr werde ich jedoch Tierärztin sein, das ist richtig.«

»Wir haben einen Hund. Kannst du den mal untersuchen, ob er völlig gesund ist?«, bat Orla.

»Freilich. Ich hab schon von ihm gehört. Heißt er nicht Finn?«

»Fionn! – Komm, wir zeigen ihn dir gleich.«

»Nicht jetzt, Kinder. Erst wird gegessen«, ordnete Colleen an. Die Mädchen setzten sich gehorsam an den Tisch. Ganz zufrieden schienen sie jedoch nicht.

»Wo ist denn Danny?«

»Warum ist das Essen gar nichts Indianisches?«

»Indisches«, verbesserte Colleen.

»Indisches. Er hat versprochen, er kocht heut … wie hieß das noch?«

»Fellapfel«, behauptete Orla.

Colleen lachte. »Falafel. Er musste nach Dingle, etwas erledigen, und kommt wahrscheinlich nicht zum Essen heim. Nächsten Sonntag macht er dann das indische Gericht.«

»Wer ist Danny? Einer deiner Brüder, Colleen?«, erkundigte sich Maura.

Alle antworteten mehr oder weniger gleichzeitig, und es war nicht einfach, dem Durcheinander die Fakten zu entnehmen: Er war Maler, mietete das Schlafzimmer im Anbau oben, arbeitete im Pub, ebenso wie Colleen, und stammte aus Deutschland. Und offensichtlich war er mächtig beliebt. Na, sie würde das Wundertier morgen kennenlernen. Besonders viel versprach sie sich davon nicht, nach ihren bisherigen Erfahrungen mit Künstlern. Sie waren in der Regel ziemlich durchgeknallt, verwahrlost und egozentrisch. Sie hatten graue Löwenmähnen oder weiße Rattenschwänze, Ziegenbärte mit eingeflochtenen Holzperlen oder wuchernde Vollbärte, Zahnlücken, flatternde Kleidungsstücke – einer war immer hässlicher als der andere. Aber natürlich würde sie trotzdem nett zu dem alten Knacker sein; das gehörte zum Job.

Am Abend begann sie tatsächlich mit ihrer Zulassungsarbeit. Bisher hatte sie nur Notizen und Material gesammelt; auch die Gliederung stand einigermaßen fest. Aber nun endlich die ersten Seiten zu tippen, fand sie sehr befriedigend. Bloß merkte sie, dass Reisen ermüdete, und ging bereits um halb elf ins Bett – in Dublin wäre das der Zeitpunkt zum Ausgehen gewesen …

Es wunderte sie daher nicht, dass sie am nächsten Morgen schon vor sieben aufwachte. Einen Moment blieb sie noch liegen, dann stand sie auf, duschte (und donnerte dabei wieder mit dem Kopf an den Deckenbalken im Bad), zog sich an und ging leise hinunter. Sie hatte etwas Bedenken gehabt bezüglich der Küchenausstattung. Ein Holzfeuerherd hätte sie in ernsthafte Schwierigkeiten gebracht. Es war jedoch alles modern und leicht zu bedienen. Für jetzt brauchte sie ohnehin nur den Wasserkocher. Sie machte sich eine Tasse Tee und vertiefte sich mangels anderer Lektüre in den Kerryman, das Lokalblatt der Grafschaft.

Plötzlich hörte sie Geräusche an der Hintertür. Maura fuhr zusammen. Gerade hatte sie einen dramatischen Bericht über einen Einbruch in Tralee gelesen – was sollte sie nur tun? Schon öffnete sich die Tür. Sie war mit einem Sprung am Buffet und schnappte sich das Brotmesser. Als der Mann in die Küche trat, schrie sie: »Bleiben Sie stehen! Keine Bewegung!«

Der Einbrecher riss erschrocken die Augen auf. Aber er rührte sich tatsächlich nicht vom Fleck. Dass er dann zu lächeln begann, verwirrte sie. Was gab es denn da zu grinsen?

»Du musst die Studentin sein«, sagte er. »Ich bin Danny und wohne hier.«

»Glaub ich nicht. Danny ist ein Maler.« Immerhin war sie nun so unsicher, dass sie das Messer sinken ließ.

Er lachte. »Stimmt. Ich bin Maler. Und ich wohne tatsächlich hier. Ist Colleen noch nicht auf? – Schön, dass du da bist, Maura!«

Maura beobachtete misstrauisch, wie er an ihr vorbeiging, ihr zunickte, den Wasserkocher auffüllte und begann, Kaffeepulver in die Kanne zu löffeln. Offenbar kannte er sich gut aus.

»Ich heiße Maura«, brachte sie schließlich hervor. »Ich hab gedacht, du bist ein Einbrecher.«

»Tut mir leid, wenn ich dich erschreckt habe«, meinte er amüsiert. »Ich bin ungewohnt früh aufgewacht und hatte Lust auf ein Schnittlauchbrot.« Er zeigte auf ein Bündel Grünzeug, das er auf die Arbeitsfläche gelegt hatte.

Es war ihr peinlich, sich so blöd benommen zu haben. Während er in aller Seelenruhe begann, Frühstück für alle herzurichten, hatte sie Zeit, ihn zu studieren. Das sollte ein Maler sein? Da musste sie wohl bisher die falsche Sorte kennengelernt haben. Erstens schien er noch ziemlich jung, vielleicht dreiundzwanzig, höchstens vierundzwanzig. Zweitens sah er unverschämt gut aus mit seinen goldenen Augen, dem sanften Gesicht und den schulterlangen braunen Haaren. Breite Schultern hatte er, eine kraftvolle, aufrechte Körperhaltung, und auf ihrer persönlichen nach oben hin offenen Knackigkeitsskala erreichte er stolze vierzehn Punkte, obwohl er nicht besonders groß war. Oder gerade deswegen? Sie schaute nicht gern auf zu den Männern. Was für ein Glück, dass sie beschlossen hatte, den Sommer in Kerry zu verbringen!

Maura strahlte ihn an, als er die Kaffeekanne auf den Tisch stellte. »Freut mich sehr, dich kennenzulernen, Danny«, sagte sie.

Ihr Dienst begann mit einer Unterrichtsstunde in den Polytunnels. Colleen zeigte ihr, was sie später mit den Kindern ernten sollte: Rüben,

Erdbeeren, Zuckerschoten und Erbsen. Also gut, das schien nicht zu kompliziert. Anschließend half Maura, die letzten zwei Hochbeete mit Komposterde zu füllen. Die ungewohnte Anstrengung machte ihr zu schaffen; sie ließ sich jedoch nichts anmerken. Als sie zu den Kindern entlassen wurde, war sie ziemlich erleichtert.

»Komm, du musst jetzt Fionn untersuchen, ob er gesund ist.« Aufgeregt zog Brid sie auf das Rasenstück, wo der Border Collie mit Orla herumtobte.

Maura tat ihr den Gefallen. Sie setzte eine ernsthafte Miene auf und tastete Fionns Rippenkorb ab und prüfte Fell, Ohren und Zähne. »Kerngesund«, lautete das Urteil. »Er ist ein Prachtkerl. Was hat er denn schon gelernt?«

Er konnte an der Leine gehen, obwohl er manchmal noch heftig zerrte, und er setzte oder legte sich auf Kommando hin.

»Habt ihr einen Tennisball?«

»Wir haben einen Gummiring für ihn, der quietscht, wenn er darauf herumbeißt«, berichtete Orla.

»Gut. Dann schauen wir jetzt mal, ob es im Laden unten Bälle gibt.«

Maura hatte gestern beim Durchfahren nicht viel vom Dorf gesehen, deswegen war sie froh um den Vorwand. Sie meldete sich bei Colleen ab, bevor sie loszogen. Unterwegs zeigte sie den Kindern, wie sie den Hund am besten führten.

Ballyferriter beeindruckte die Studentin nicht besonders. Hübsche bunte Häuser säumten die

Straße, ein paar Pubs, ein Hotel, eine Galerie, ein Museum, ein Supermarkt, mehr gab es nicht. Keinen Nightclub, keine Disco, keine schicken Boutiquen. Na ja, man konnte das wohl auch nicht erwarten, hier auf dem Land. Immerhin war der Supermarkt modern und recht gut sortiert, und sie fand tatsächlich eine Packung mit sechs Tennisbällen. Außerdem kaufte sie je eine Tüte Hundeleckerbissen und Kinderleckerbissen. Auf dem Rückweg ließen sie Fionn frei laufen, aber Maura hielt eine Hand mit einem Leckerli vor seine Nase, sodass er dicht bei ihnen blieb. Dann und wann durfte er eins fressen und wurde gelobt. »Bei Fuß«, sagte sie dabei wieder und wieder.

Orla beobachtete das aufmerksam. »Lass mich mal versuchen«, bat sie. Mit einem Hundekeks in der Hand rief sie: »Fionn! Bei Fuß!« Bis sie endlich wieder oben waren, hatten beide Mädchen und der Hund das Kommando gelernt.

Colleen war längst zur Arbeit gefahren. Maura machte für sich und die Kinder Sandwiches, dazu gab es Tee oder Saft.

»Spielen wir jetzt mit den Tennisbällen?«, bettelte Brid.

»Nachher. Erst müssen wir im Polytunnel arbeiten.« Maura erwartete Widerspruch, aber Ernten war offenbar sehr beliebt. Es wurde ihr bald klar, warum: Ziemlich viele Beeren wanderten nicht in die Körbchen, sondern in die Münder. Und es war wirklich lustig, die ausgepulten Erbsen in die große Schüssel kullern zu sehen.

Nachdem sie Obst und Gemüse in der kühlen Speisekammer untergebracht hatten, widmeten sie sich wieder dem Hund. Erst positionierte Maura die Kinder ein Stück voneinander entfernt und ließ sie abwechselnd nach Fionn rufen. Wenn er ankam, wurde er eifrig geknuddelt. Dann beteiligte sie sich an dem Spiel. Das war schwieriger für den kleinen Hund, weil er nun zwischen drei Zielen entscheiden musste. Wählte er eine Person aus, die ihn nicht gerufen hatte, gab es keine Streicheleinheiten. Er reagierte bald auf »Komm« und »Hier«.

Zuletzt nahm Maura einen Tennisball, ließ Fionn daran schnuppern und warf ihn ein Stück weg. Er raste automatisch hinterher, um auf dem Ball herumzubeißen. »Komm!«, lockte sie, und tatsächlich brachte er den Ball zurück. Brid und Orla lachten laut.

Da kam ein Auto in den Hof gerollt. Es war Catherine McDonnell, die Großmutter der Kinder – und die Tante von Nell, Mauras Verwandter aus Galway. Vorstellung, Begrüßung und der übliche Bericht, wie es allen ging, brauchten einige Zeit, aber schließlich lag der erschöpfte Fionn in seiner Hütte, und die Kinder kletterten auf den Rücksitz in Omas Auto.

»Steig mit ein, Maura. Dann siehst du, wo wir wohnen und kannst in Zukunft die beiden bei uns abliefern. Ist das recht?«

Colleens Eltern wohnten ein kleines Stück außerhalb vom Ort, direkt neben der Grundschule.

Maura lernte auch noch Pat kennen, bevor sie sich auf den Rückweg machte. So viel wie heute war sie schon ewig nicht mehr gelaufen. Auf der letzten steilen Strecke spürte sie deutlich ihre Wadenmuskeln und musste etwas langsamer werden, weil ihre Lungen protestierten.

Plötzlich sprang neben ihr Danny vom Rad. »Hallo. Hier muss ich es meistens aufgeben«, keuchte er. »Anfangs habe ich das Rad fast den ganzen Weg hoch geschoben, aber inzwischen bin ich recht fit.«

Maura betrachtete ihn von der Seite. Was sie sah, gefiel ihr immer besser. Hals, Gesicht und Arme waren braungebrannt, die Haare trug er im Nacken zusammengebunden, und seine warmen Augen blitzten lebhaft.

»Hoffentlich bin ich auch bald so durchtrainiert wie du!«, scherzte sie. »Ich war vorhin schon einmal mit den Kindern unten im Dorf, und ich finde das Zurücklaufen ziemlich anstrengend.«

»Wir sind ja gleich da. Hast du einen guten Vormittag gehabt?«

Zu ihrem Leidwesen verzog sich Danny mit einem Sandwich in sein Zimmer, als sie endlich auf dem Hof angekommen waren. Er wolle arbeiten, sagte er. Da blieb ihr wohl auch nichts anderes übrig. Am liebsten hätte sie sich allerdings ebenso wie der kleine Border Collie zusammengerollt, um ein paar Stunden zu schlafen. Wer hätte denn vermutet, dass das Landleben so anstrengend sein konnte?

11

Colleen lehnte am Gatter und betrachtete zufrieden ihr Feld. Das Gras stand hoch und saftig und wogte im leichten Wind. Für morgen hatte sie den Heuernter bestellt, und wenn alles klappte, konnte sie es am Donnerstag oder Freitag zu Ballen verarbeiten lassen. Dieses Jahr hatte sich das Wetter ab Ende Mai ungewohnt freundlich gezeigt. Allerdings war es vorher viel zu kalt gewesen und das Gras war erst spät ordentlich gewachsen. Falls es in den nächsten Tagen zu regnen begann, musste sie eben Siloballen daraus pressen. Die brachten weniger Gewinn ein, wurden aber von den Farmern in der Gegend auch gern verfüttert. Ein gutes Stück ihres Jahreseinkommens war also gesichert. Mit etwas Glück konnte in ein paar Monaten noch einmal geschnitten werden. Diese zweite Ernte fiel allerdings oft deutlich schlechter aus; Juli und August waren berühmt für feucht-nebliges Wetter, da gedieh das Gras nicht mehr so üppig.

Die Lage im Haus war ebenfalls befriedigend; die Studentin hatte sich in den letzten zwei Tagen schon gut eingelebt. Mit den Kindern und mit dem Hund kam sie prima aus, und im Gewächshaus konnte man sie auch einsetzen – nach genauer Erklärung, was zu tun war. Anfangs hatte das Mädchen tatsächlich nicht einmal Kartoffeln und Karotten am Kraut erkannt … Colleen lächelte, weil sie sich an die Reaktion einer Fünfzehnjährigen im vergangenen Jahr erinnerte. Deren Mutter, eine Schulfreundin, hatte den Teenager hier einquartiert, als sie geschäftlich für ein paar Tage nach Amerika musste.

Eines Abends sollte es Lammkoteletts geben, dazu hatte Colleen draußen Kartoffeln ausgebuddelt, während besagte Jenny munter von ihren Freundinnen aus Dublin erzählte. Plötzlich hatte sie gestutzt. »Was sind denn das für eklige Dinger?«, hatte sie angewidert gefragt und auf die Kartoffeln gezeigt.

Überrascht erklärte Colleen ihr, dass es Kartoffeln waren, die als Beilage zum Fleisch dienen sollten.

»Igitt! So was esse ich nicht!«, rief Jenny empört. Sie hatte Erdäpfel bisher nur in Form von Pommes frites, als Fertigpüree oder auch als Chips gesehen. Und im Supermarkt, wo sie an der Gemüseabteilung wahrscheinlich immer zielstrebig vorbeieilte, gab es ja oft nur noch die feinen gewaschenen Kartoffeln: alle exakt gleich groß und in Plastiktüten verpackt.

Maura hatte immerhin gewusst, wie Rüben oder Knollen wuchsen, und aß das frische Gemüse mit Begeisterung. Da hatten sie also Glück gehabt. Ob sie an Regentagen die Kinder ebenfalls gut beschäftigen konnte, würde sich herausstellen – im Augenblick war das Wetter ungewöhnlich schön und trocken. Colleen klopfte auf den hölzernen Torpfosten: Hoffentlich hielt es sich noch ein paar Tage!

Danny schien die Sonnentage auch zu genießen. Jeden Tag war er vormittags mit dem Fahrrad unterwegs, nachmittags malte er. Ihr gefielen seine Landschaften sehr, aber insgeheim fand sie das Bild von ihr selbst und ihren Freundinnen am besten. Neuerdings hatte er begonnen, mehr Szenen aus dem Pub zu malen. Er verwendete dazu kleinere Leinwände. Die Details arbeitete er gar nicht aus; zum Beispiel waren die Gesichter grundsätzlich unscharf. Eigentlich bestanden die Figuren nur aus Farbflecken. Aber da er die Form so genau traf und Licht und Schatten gekonnt einsetzte, erkannte man die Leute tatsächlich. Es musste wohl daran liegen, dass die Körperhaltung stimmte.

Colleen hatte hell aufgelacht, als er ihr eines vom Wirt gezeigt hatte, auf dem Tom in ein Gespräch mit seinem Freund Keith vertieft war. Die beiden steckten die Köpfe zusammen, während im Hintergrund Aidan auf der Knopfharmonika spielte. Alle drei waren eindeutig identifizierbar; es war unglaublich. Sie hörte förmlich, über was die Männer sich unterhielten: Oft genug hatte sie Tom Murphy in genau dieser Haltung irgendwelche Rennpferde diskutieren gehört. Er war sehr begabt, dieser Danny. Inzwischen war er so braun, dass seine Augen noch heller wirkten, fast wie Whiskey. Ja, er sah gut aus. Und sie konnte sich eigentlich gar nicht mehr vorstellen, wie es im Haus ohne ihn gewesen war. Bestimmt nicht so unterhaltsam, und auch viel komplizierter. Er hatte solch eine angenehme, unaufdringliche Art zu helfen – immer, wenn es gerade nötig war. Selbst die Kinder profitierten von seiner Anwesenheit: Sie hatten beide einen großen Schritt vorwärts gemacht, waren selbstständiger und ausgeglichener geworden und hatten neue Interessen gewonnen. Schade, dass er eines Tages seine Siebensachen zusammenpacken und einfach verschwinden würde ... Sie durfte gar nicht daran denken.

Colleen schüttelte sich. Jetzt musste sie zur Arbeit.

Für heute hatte sie probehalber zehn Sandwiches mitgebracht. Auch ein Blech Karottenkuchen mit Ingwer hatte sie gebacken. Tom Murphy war nicht so recht überzeugt von der Idee, nachmittags auch Essen anzubieten. Um zwei waren die belegten Brote verschwunden, und nur drei Kuchenstücke lagen noch auf der Theke. Sie rief Tom an.

»Kannst du bitte mal schnell runterkommen?«, bat sie, weigerte sich aber, einen Grund anzugeben.

Als er etwas misstrauisch durch die Privattür zu seiner Wohnung trat, zeigte sie triumphierend auf die vergnügt schmausenden Gäste und hielt Tom einen Teller mit Kuchen entgegen.

»Hier, lass es dir schmecken! Ich lad dich ein – normalerweise würde das große Stück drei Euro kosten.«

Tom ließ sich nicht lang bitten. »Lecker. Wo hast du denn das Zeug her?«

Colleen lächelte. »Selbst gebacken. Die Sandwiches sind leider schon alle weg, sonst könntest du eins probieren. Ich hab dir eine Abrechnung geschrieben.« Damit legte sie ihm ein Blatt Papier vor, auf dem sie die Kosten und die Einnahmen vermerkt hatte.

Der Wirt studierte den Zettel. »Schaut ja gut aus«, meinte er.

»Eben, das sag ich doch dauernd! Ich hab alles daheim fertig vorbereitet und im Wagen hergebracht. Die ganze Arbeit hat eine Stunde gedauert; die würde ich mir in Zukunft von dir zahlen lassen. Du siehst ja, wie viel immer noch als Gewinn übrig bleibt.

»Hm. Was aber, wenn wir auf dem Zeug sitzen bleiben?«

»Wir sollten eben bloß überschaubare Mengen anbieten. Was meinst du, wie schnell sich das herumspricht, dass es hier mittags feine kleine Gerichte gibt, jedoch nur für begrenzte Zeit? Übrigens kann ich Reste immer mit heimnehmen, da finden sich jederzeit Abnehmer dafür. Und ich will es möglichst simpel halten: eine Sorte Gemüsesuppe, belegte Brote und eine Sorte Kuchen jeden Tag.«

»Ich denk drüber nach, Colleen. – Ach, und was wird an deinen freien Tagen?«

Sie schmunzelte, denn er war eindeutig bereits überredet und suchte nur noch nach Einwänden. »Ich bringe alles fertig her. Bloß servieren musst du dann selbst, und die Teller und Schüsseln spülen. Die Suppe halten wir in der kleinen Küche hinten warm. Und natürlich gibt es nur während der Saison Essen, ab Mitte Mai vielleicht, bis Ende September.«

Er blieb noch eine Weile bei einer Tasse Kaffee sitzen und beobachtete den Betrieb. Als er fünf Gäste wieder gehen sah, nachdem sie nach Sandwiches gefragt hatten, nickte er. Der Umsatz an den Nachmittagen war nie besonders hoch; er hatte bloß auf, weil sein Pub seit über dreißig Jahren traditionell um zwölf aufmachte. Wenn man die Einnahmen ohne Risiko erhöhen und mehr Leben in das Lokal bringen konnte, dann war er natürlich dafür.

»Also gut«, sagte er zu Colleen. »Was muss ich besorgen?«

Sie hatte alles genau im Kopf. »Zwei große Töpfe, ein paar Kuchenformen, vielleicht dreißig Teller und Suppenschüsseln und das nötige Besteck dazu.«

»Wird gemacht. Oder willst du lieber selber –?«

»Ich kann es im Internet bestellen. Bis das Geschirr da ist, improvisieren wir eben weiterhin mit meinen Sachen. Danke, Tom!«

»Nein, nein, ich muss mich bedanken. Tut mir leid, dass ich so stur und vernagelt war.«

»Du bist nicht stur und vernagelt, sondern du weißt, was du willst. Man nennt das Charakter, nicht Eigensinn«, lachte Colleen.

Um fünf fuhr sie voller Tatendrang heim. Die erste Person, die ihr über den Weg lief, war ihre ältere Tochter.

»Orla! Wieso bist du hier? Du warst doch zu Jessies Geburtstag eingeladen?«

Das Kind zog einen Flunsch. »Ich wollte aber nicht hin.«

Gerade kam Catherine mit Brid um die Ecke. Auf Colleens fragenden Blick erklärte sie: »Als ich sie hinbringen wollte, hat sie sich geweigert. Sie hätte keine Lust auf Party, behauptete sie.«

»Es ist, weil Jessie in der Schule immer solche Sachen sagt«, meinte Brid, womit sie einen wütenden Blick ihrer Schwester erntete.

Nachdenklich sah Colleen die beiden Mädchen an. Da war wohl ein Gespräch unter vier Augen angesagt. An Catherine gewandt, sagte sie: »Danke, Mum. Bleibst du zum Essen da? Es gibt Gemüsepizza.«

»Nein danke, Pat lädt mich heute nach Dingle ins Hotel ein, weil er kürzlich beim Pferderennen was gewonnen hat. Das lass ich mir nicht entgehen.«

Colleen lachte. »Das glaub ich dir gern. Viel Spaß also!«

Erst nach dem Essen fand sie Zeit, mit Orla zu sprechen, während Brid noch mit dem Hund spielte.

»Orla, was für Sachen sagt denn Jessie?«

Es dauerte eine Weile, bis sich das Kind zu Mitteilungen bewegen ließ.

»Mein Papa ist ein … Knastbruder, hat sie gesagt. Und ein Killer. Und dass er ein Suffkopf ist und ein Schürzenjäger. – Mama, warum jagt er denn Schürzen? Die kann man doch gar nicht essen.«

Colleen war erschüttert. Sie hatte natürlich angenommen, dass die Leute über den Fall und über Bill redeten. Aber dass das Gerede an die Ohren ihrer Kinder dringen würde, hatte sie gar nicht in Erwägung gezogen. Sie musste gleich morgen mit Jessies Mutter sprechen. Zu Orla sagte sie: »Das ist nur so ein Ausdruck. Es bedeutet, dass er gern mit verschiedenen Frauen scherzt und lacht.«

»Ist das was Böses?«

»Natürlich nicht. Dein Papa ist ja nicht verheiratet, da kann er jederzeit ausgehen, mit wem er will.«

»Und warum ist er denn ein Killer?« Ihre Stimme klang gepresst.

»Orla, ich bin sicher, dass er das nicht ist. Vor ein paar Monaten hat jemand eine Frau aus Amerika getötet, davon hast du vielleicht gehört. Weil dein Papa damals in der Nähe war, haben manche Leute gedacht, er hätte das getan. Er war es aber gar nicht.«

»Weißt du das ganz genau?«

»Ich bin vollkommen sicher.«

Nach einer Pause murmelte Orla: »Dir hat er doch auch wehgetan.«

Also hatte sie jenen schrecklichen Tag durchaus in Erinnerung behalten. Colleen seufzte. Wie sollte sie es dem Kind nur erklären?

»An diesem Tag war er sehr wütend, das ist wahr. Er hatte vorher furchtbar viel Whiskey getrunken; das hat ihn völlig durcheinandergebracht. Manche Leute sind so: Sie saufen so lang, bis sie gar nicht mehr wissen, wer ihre Freunde oder wer sie selber sind. Solange dein Papa keinen Schnaps trank, war er sanft und lieb.«

»Und wenn er aber an dem Tag auch viel getrunken hatte? Dann wollte er vielleicht der fremden Frau wehtun?«

»Orla, er hatte damals überhaupt nichts getrunken. Das wissen alle, und die Polizei weiß es ebenfalls. Er wollte mit der Frau ... spazieren gehen und Spaß haben, aber sie gewiss nicht verletzen oder sogar umbringen.«

»Und wenn die das aber nicht wollte? Das hätte ihn wütend gemacht, oder?«

Wie logisch das Kind denken konnte! Colleen lächelte. »Sie ist ja extra hingegangen, um ihn zu treffen. Also hatte sie wohl nichts dagegen, meinst du nicht?«

Zu ihrer Erleichterung nickte Orla nach einer Weile. Nachdenklich fragte sie dann: »Warum ist er aber im Gefängnis, wenn er es gar nicht war?«

Sollte sie ihr die Wahrheit sagen? Nein, besser nicht. Sie hatte versprochen, es für sich zu behalten. Colleen antwortete: »Ja, das frag ich mich auch. Scheinbar kann die Polizei den wirklichen Mörder nicht finden. Ewig können sie Bill aber da nicht festhalten. Irgendwann stellt sich raus, dass er unschuldig ist.«

»Bestimmt?«

Colleen nahm ihre Tochter in den Arm. »Bestimmt«, bestätigte sie und hoffte von Herzen, dass sie recht behalten würde.

Das Gespräch mit Jessies Mutter am nächsten Morgen lief nicht ganz so reibungslos ab. Mary Buckley war offenbar keineswegs von Bills Unschuld überzeugt und fand es etwas wunderlich, dass Colleen sie dazu auffordern wollte, entsprechende Bemerkungen nur im Kreise von Erwachsenen zu machen. Sie lege Wert darauf, ihre Tochter offen zu erziehen. Wenn Orla sich das so zu Herzen nahm, tue es ihr zwar leid, aber schließlich müsse das Kind lernen, mit der Realität zu leben.

Colleen zählte im Kopf langsam bis zehn. Dann erwiderte sie gefährlich sanft: »In unserem Land – wie in allen zivilisierten Gegenden – gilt ein Mensch als unschuldig, solange ihm die Schuld nicht gerichtlich nachgewiesen ist. Bill ist nicht verurteilt worden, weil es keinerlei Beweise gibt. Das nur zu deiner Information, Mary. Ach, und noch etwas: Bisher habe ich es immer vermieden, gewisse lichtscheue Unternehmungen meiner Bekannten oder ihrer Ehemänner und Geschwister in Anwesenheit der Kinder zu diskutieren. Da brauche ich ja von jetzt an keine Rücksicht mehr nehmen, seit ich weiß, wie wichtig dir Offenheit ist …«

Jeder wusste, dass John Buckley heimlich Schnaps brannte. Marys Bruder fischte ohne Lizenz Lachse, und ihre Schwester kiffte, wann immer sie einen Joint erwischen konnte.

Colleen war bereits wieder in ihren Pick-up geklettert, bevor Jessies Mutter sie einholte und sich in die noch offene Fahrertür stellte. »Ja? Was gibt es noch?«, fragte Colleen, und ihre Augen sprühten grüne Blitze.

Mary war sichtlich verlegen. »Eigentlich hast du völlig recht. Gewisse Themen sind nicht für Kinderohren geeignet. Und ganz bestimmt sollen die Kleinen sich nicht gegenseitig die Untaten ihrer Väter vorwerfen. Ich werde mit Jessie sprechen, und es wird nicht mehr vorkommen. Bist du damit zufrieden? Bitte?«

»Das ist dann in Ordnung. Vertragen wir uns wieder, Mary!«, willigte Colleen versöhnlich ein. Die zwei Frauen wechselten einen Händedruck.

Als Colleen die Tür zuschlug und den Motor anließ, klopfte Mary an die Scheibe, die daraufhin heruntergelassen wurde. »Glaubst du wirklich, dass Bill unschuldig ist?«

»Ich bin fest davon überzeugt.« Und zähneknirschend erklärte sie ein weiteres Mal, warum sie das dachte. Der nüchterne Bill war einfach ein völlig anderer Mensch als der betrunkene Bill. Sie selbst hatte niemals erwähnt, dass ihr Mann sie misshandelt hatte, aber offensichtlich wusste es dennoch jeder. Wahrscheinlich war es an der Zeit, offen darüber zu sprechen – vielleicht tat es ihr sogar gut. Jedenfalls half es möglicherweise Bill, wenn alle erfuhren, dass er keinen Tropfen Alkohol im Blut hatte, als er verhaftet worden war. Diese Tatsache kannte sie nicht aus der Zeitung, sondern von dem Inspektor John Walsh.

Am Ende drückte ihr Mary noch einmal die Hand. »Jetzt glaub ich's fast selbst, dass er unschuldig ist – tut mir ehrlich leid, Colleen. Ich red mit der Kleinen.«

Der Rest des Tages verlief viel erfreulicher. Die Mähmaschine kam pünktlich um elf Uhr an. Die Farmerin schaute zu, wie der Fahrer seine Runden drehte, und sog tief den würzigen Heuduft ein. Auch heute hatte sie im Pub vor drei Uhr bereits sämtliche Sandwiches und Kuchenstücke verkauft. Sie freute sich schon darauf, wenn es außerdem Suppe geben würde. Gestern hatte sie noch alles Nötige bei einem Hotelausstatter bestellt, einschließlich einer großen Schiefertafel, die als Speisekarte dienen sollte.

Um fünf kam Danny in das Lokal. Sie schaute überrascht auf. »Hast du nicht frei?«

»Hab ich denn an meinem freien Tag hier Hausverbot?«, scherzte er. »Ich war in Dingle und hoffe, du kannst mich den Berg rauffahren. Mein Rad hab ich heute oben gelassen, weil ich mit Maura und den Kindern runtergelaufen bin.«

So, mit der Studentin … Zum Glück hatte sie grad keine Zeit zum Grübeln.

Als sie vor dem Haus aus dem Pick-up kletterten, sprangen ihnen die Kinder entgegen. Während Brid zur Begrüßung den Kopf an Colleens Bauch drückte, nahm Orla sofort Danny bei der Hand.

»Warum sind in der Küche haufenweise langweilige gekochte Kartoffeln?«, fragte sie vorwurfsvoll. »Heut ist doch Süß-Tag!«

»Stimmt genau«, erwiderte Daniel gutgelaunt. »Du wirst gleich sehen, wie sie sich verwandeln.«

»Was kochst du denn? Darf ich helfen?«

»Es gibt Zwetschgenknödel mit Butterbröseln und Zimtzucker. Und ja, freilich musst du helfen. Hier, trag mal die Tüte. Also los.«

Orla schüttelte sich vor Lachen über die komischen Wörter, Daniel hatte das Gericht auf Deutsch genannt, und die beiden marschierten einträchtig in die Küche, während die Kleine die Aussprache übte.

Colleen nahm Brid mit in den Geräteschuppen, wo sie den Heuwender an ihren Traktor hängte. Da die Kleine so bettelte, durfte sie mitfahren; sie war alt und gescheit genug dazu, sich gut festzuhalten. Diese Arbeit liebte Colleen besonders. Langsam lenkte sie das Gefährt über das große Feld, um die gemähten Heureihen umzudrehen, und atmete tief den herrlichen Duft ein. Wenn nur das Wetter noch bis Freitag hielt!

Als Colleen am nächsten Tag mit den vorbereiteten Broten und dem Kuchen im Pub ankam, war der Wirt damit beschäftigt, mehrere schwere Pakete auszupacken: Die bestellten Utensilien waren geliefert worden. Sie half ihm, das neue Geschirr zu spülen und in den Schrank in der Teeküche zu räumen. Einen Topf und zwei Kuchenformen stellte sie auf ihren Beifahrersitz, um sie für morgen mit heimzunehmen. Dann schrieb sie stolz die Gerichte der Tageskarte auf die schwarze Tafel. Sie hatte verschiedene Stifte dazu geordert, so konnte sie das Angebot schön bunt gestalten.

Sandwich: Ziegenkäse mit Walnüssen, Pfeffer und Rucola 3.50 €
Kuchen: Biskuitrolle mit Erdbeer-Joghurtcreme 3.50 €
(Zutaten aus örtlichem Bio-Anbau)

Sie erklärte Tom Murphy noch die nötigen Handgriffe – er hatte bisher nie etwas anderes als Getränke serviert –, bevor sie nach Hause fuhr und ihren Wagen für den Wochenmarkt belud. Der fand jeden Donnerstag in Dingle von zwei bis fünf statt, allerdings nur zwischen Mitte Mai und Ende September. Ihr frisches Obst und das Gemüse waren schnell verkauft, und auch die zusätzliche Biskuitrolle, die sie gebacken hatte, fand reißenden Absatz. Gut, dass sie einen Stapel Teller und Besteck mitgebracht hatte! Das würde sie in Zukunft in ihr Programm fest aufnehmen; da lohnte sich das Backen für Tom doppelt. Marmeladen waren ebenfalls gefragt und brachten guten Gewinn. Hochzufrieden packte sie schon um vier zusammen, weil sie keine einzige Karotte mehr übrig hatte.

Noch immer schien die Sonne. Das Wetter war geradezu verdächtig warm, und es war vollkommen windstill, eine Seltenheit hier am Atlantik. Sie beschloss, ihr Heu gleich heute einzufahren, falls sie den Ballenmacher anheuern konnte. Unterwegs hielt sie an einem Parkplatz und rief ihn an. Ja, sie hatte Glück: Ben war frei und würde in dreißig Minuten bei ihr sein. Sie bat ihre Eltern, die Kinder ausnahmsweise über Nacht zu behalten. Maura und Danny mussten sich heute eben selbst verpflegen.

Um halb elf hatte sie es geschafft: Das Heu war in ordentliche Quader gepresst und sauber in der Scheune aufgestapelt. Viel Bodenfläche gab es nicht mehr, aber Fionns Hütte hatte in einer Nische zwischen den Ballen Platz gefunden. Da würde er im Winter bestimmt nicht frieren! Colleen stand im letzten Abendlicht und betrachtete mit Genugtuung ihre Ernte, als die ersten Tropfen fielen. Sie lachte laut und hielt ihr Gesicht dem warmen Regen entgegen.

Sie war völlig erschöpft, aber auf eine gute Art. In der Küche aß sie kalte Nudeln mit Tomatensoße direkt aus dem Topf und spülte sie mit einer Dose Bier hinunter. Dann gönnte sie sich ein heißes Bad und ging ins Bett. Sie schlief schon, kurz nachdem ihr Kopf das Kissen berührt hatte.

12

Daniel brachte das Bildchen von Tom Murphy mit in das Pub, als er um acht zum Dienst antrat.

»Hier, Tom, das ist für dich«, sagte er und legte die Tüte auf die Theke.

Der Wirt packte neugierig aus. Stumm starrte er das Bild an, dann seinen Barmann. »Wie – du schenkst es mir? Das kann ich nicht annehmen. Das gehört ja in eine Ausstellung!«

Daniel lachte. »Unsinn! Nimm es nur. Oder gefällt es dir nicht?«

Tom schnappte nach Luft. »Wem könnte das nicht gefallen? Das ist Aidan, das ist Keith, das bin ich, eindeutig getroffen. Wie machst du das bloß? Hast du uns fotografiert?«

»Ich kann mir Bilder merken, bis ich sie auf Papier oder Leinwand habe; schön, dass du es magst.«

Tom Murphy war bereits damit beschäftigt, das Bild feierlich hinter der Theke an dem Nagel für den Zapfraumschlüssel aufzuhängen. Der Schlüssel musste sich nun einen Haken mit den anderen Schlüsseln teilen.

»Kannst du denn mehr solcher Szenen malen? Die könnten wir überall aufhängen. Ich wette, die Besucher würden sie gern kaufen.«

Das war es ja, worauf Daniel gehofft hatte; er hatte vorgehabt, den Vorschlag zu machen. Aber dass ihn nun der Wirt selbst dazu einlud, sein Pub als Galerie zu nutzen, war perfekt. Der Abend verlief ruhig. Punkt halb zwölf war der Barmann draußen.

Am nächsten Morgen war er daher gut ausgeschlafen. Beim Frühstück fehlten Brid und Orla.

»Sind die Kinder noch bei den Großeltern?«, fragte er.

»Ja, die Oma will sie nun gleich bis Samstagnachmittag behalten; sie sagt, es lohnt sich gar nicht, sie erst zurückzubringen.« Colleen lachte. »So habe ich vormittags mehr Zeit für das Gemüse.« Sie schaute zufrieden hinaus in den strömenden Regen, während sie stolz von der geglückten Heuernte berichtete.

Voller Tatendrang machte Daniel sich nach dem Frühstück daran, das Bild mit Colleen und ihren Freundinnen im Stil der Pubszenen zu kopieren. Es gelang erstaunlich schnell. Als er es gerade signierte, klopfte es.

»Ja?«, rief er.

Maura steckte den Kopf durch die Tür. »Ich wollte fragen, ob du mich nicht ein bisschen in der Umgebung herumführen kannst; ich kenn mich ja noch nicht aus«, erklärte sie, unterbrach sich dann jedoch. »Wow! Das sind ja wunderbare Bilder! Ist das hier Colleen? Und da auch?«

Es blieb Daniel nichts anderes übrig, als der Studentin einige seiner fertigen Gemälde zu zeigen. Sie war hellauf begeistert und sparte nicht mit Lob, was seiner Künstlerseele natürlich wohltat. Außerdem stellte er wieder einmal fest, dass das Mädchen großartig aussah: groß, schlank, kurvig, mit langen goldblonden Haaren und Augen, die mehr grau als blau waren. Und wenn sie lächelte, erschien ein entzückendes Grübchen in ihrer linken Wange. Eigentlich hatte er andere Pläne gehabt, aber da der Regen aufgehört hatte, war er gern bereit, mit ihr spazieren zu gehen.

»Wohin?«, fragte er.

»Ans Meer«, bat sie.

Sie wanderten einträchtig zu der weiten Bucht ein Stück hinter Ballyferriter. Dabei erzählte er, wie er vor sechs Wochen zufällig bei Colleen gelandet war. Da der weiße Sandstrand von der Flut gerade fast gänzlich bedeckt war, führte er sie auf die Düne mit dem stehenden Stein. Sie breitete ihren Anorak auf dem Boden aus, setzte sich darauf und klopfte einladend mit der Hand neben sich. Das hohe Dünengras ringsum wogte, und sie konnten knapp darüber hinwegsehen. Mit dem Rücken lehnten sie an dem Menhir, dem großen Monolith.

»Wie gefällt dir denn dein Sommerjob?«, erkundigte er sich.

»Prima! Ich hab ja etwas Bedenken gehabt, aber das Haus ist so schön, und Orla und Brid sind schrecklich nett. Colleen auch, und du sowieso …« Sie warf ihm einen kurzen Blick zu. »Du kannst auffallend gut mit Kindern umgehen«, bemerkte sie nach einer Weile.

»Ach, ich mag Kinder gern. Außerdem habe ich mich sehr viel mit meiner kleinen Schwester beschäftigt, weil unsere Eltern in der Fabrik waren.« Er lachte. »Sie ist vor zwei Wochen zwanzig geworden – wie die Zeit vergeht …«

Maura sah ihn zweifelnd an. »Na, das ist schon ungewöhnlich, dass ihr miteinander gespielt habt. Da waren doch ein paar Jahre dazwischen, und Jungen haben meist andere Interessen.«

»Mir hat's Spaß gemacht«, sagte Daniel. Er fand, sie drückte sich manchmal etwas seltsam aus. Bei dreizehn Jahren Altersunterschied spielen die Interessen keine große Rolle mehr. Er hatte sich eben um seine kleine Schwester kümmern müssen und hatte es gern getan. Damals tobte er mit ihr, und sie spielten Ball, er erfand Spiele für sie, erzählte ihr Geschichten oder las ihr vor, und half ihr später bei den Hausaufgaben. Da hatte er zwar längst in München studiert, aber anfangs noch daheim gewohnt und war mit seinem kleinen alten Fiat hin- und hergependelt. Er lächelte, als er sich an diese Zeit erinnerte. Schon damals schwänzte er meist die Vorlesungen für Betriebswirtschaft; die Abschlussprüfungen hatte er dann auch nur mit Ach und Krach bestanden.

Das Schweigen dauerte Maura zu lang.

»Wie ist denn Dingle?«, wollte sie wissen. »Und wie kommt man hin?«

Daniel war noch nicht sehr oft dort gewesen. Er hatte die Läden nach Künstlerbedarf durchforstet, deswegen konnte er dem Großstadtmädel berichten, dass es ein paar Boutiquen, ein Sporthaus und ein kleines Kaufhaus gab. Ihm gefielen am besten die Pubs, die er besucht hatte.

Sie lauschte interessiert. »Da möchte ich gern mal rein«, seufzte sie sehnsüchtig, als er von dem Schraubenladen erzählte, wo man an der einen Theke Bier, an der anderen Mäusefallen, Saatkartoffeln, Schrauben und Rattengift kaufen konnte. »Wann hast du denn mal frei?«

»Mittwoch«, antwortete er. Ganz klar war ihm nicht, was sein freier Tag mit den Kneipen im Städtchen zu tun hatte. Dann jedoch fiel ihm ein, dass sie vielleicht nicht allein in Pubs gehen wollte. Also schlug er vor: »Sollen wir nächsten Mittwochabend mal auf ein paar Pint nach Dingle fahren?«

»Oh, danke, Danny! Das ist eine tolle Idee!«

Er wehrte verlegen ab. Eigentlich schien ihm, dass es eher ihre Idee gewesen war …

Auf dem Rückweg erzählte Maura von ihrem Studium, von ihren freiwilligen Einsätzen im Tierasyl und von ihrer Liebe zu allen Tieren.

Dabei fiel ihm etwas ein: »In der Hafeneinfahrt von Dingle schwimmt ein Delfin herum; hast du von dem gehört? Sie nennen ihn Fungie.«

»Ja, ich weiß. Den muss ich unbedingt sehen. Er ist wirklich was Besonderes. Eine Freundin hat ihre Zulassungsarbeit über ihn geschrieben. Warst du schon draußen bei ihm?«

Nein, dazu hatte Daniel bisher keine Zeit gefunden. Sie verabredeten, das im Lauf der nächsten Woche nachzuholen.

In seinem Zimmer begann er hinterher sofort, zu skizzieren: die blonde Maura mit wehendem Haar an den alten Stein gelehnt, das wogende

Dünengras im Hintergrund, und darüber der tiefblaue Himmel mit dicken weißen Wolken. Als er mit einem Entwurf zufrieden war, übertrug er die Zeichnung auf eine Leinwand und hauchte der Szene mit leuchtenden Farben Leben ein.

Fast machte es ihn ärgerlich, dass die Arbeit so rasch und gut gelang, während er sich nun schon seit annähernd zwei Wochen mit einem Bild von Colleen herumquälte. Er hatte genau vor Augen, was er wollte: Eine Waldfee kniet am Boden in einer Lichtung und stützt liebevoll eine umgeknickte blaue Lilie. Der Missetäter lugt im Hintergrund hinter einem knorrigen Baumstamm hervor. Es ist ebenfalls ein Naturgeist, ein kompaktes uraltes Männchen, dem es egal ist, was er zertrampelt. Aber als er beobachtet, wie sich die Fee um die Blume bemüht, regt sich doch ein schlechtes Gewissen in ihm …

Daniel hatte den Gesichtsausdruck der beiden Figuren inzwischen perfekt getroffen, selbst mit dem geheimnisvollen, leicht nebligen Hintergrund war er nach vielen Änderungen zufrieden. Die Lilie jedoch sah weiterhin nicht so aus, als würde sie jemals wieder gedeihen. Er betrachtete das Bild auch heute, legte es aber nach ein, zwei halbherzigen Pinselstrichen beiseite. Er war nicht in der richtigen Stimmung für Waldgeister. Lieber wollte er noch einmal auf den Hügel hinter dem Ödland steigen und ein paar Fotos mit viel Himmel machen – die Wolkenbildung war wirklich dramatisch und wechselte ständig. Das konnte er leicht schaffen, bevor er zu Arbeit musste.

Wie üblich kletterte er über das Mäuerchen. Er kannte jetzt die beste Stelle dafür, wo kaum Brombeeren wucherten und man ohne Kratzer auf die andere Seite kam. Als er beim Turm angelangt war, begann es zu regnen. Wie typisch, dachte er und suchte instinktiv Schutz in dem alten Gemäuer. Es war natürlich sinnlos, weil es ja längst kein Dach mehr gab. Erheitert stellte er fest, dass man sich auf Instinkt nicht unbedingt verlassen konnte. Dennoch lehnte er sich innen an eine Wand und wartete das Ende des Schauers ab. Beim Warten experimentierte er ein bisschen mit Aufnahmen schräg nach oben herum, war aber von den Ergebnissen nicht überzeugt.

Er sah auf die Uhr. Für den Berg war es doch etwas spät geworden. Bloß hätte er zu gern eine Meer-mit-Wolken-Landschaft gemalt, und dazu brauchte er einige Fotostudien. Schade, dass die Steintreppe nur noch aus sieben, acht Stufen bestand, sonst hätte er hinaufsteigen und aus dem Fenster hoch in der Mauer schauen können. Von dort musste man eigentlich einen ziemlich guten Ausblick haben …

Plötzlich fiel ihm die Leiter ein. Ob sie lang genug war? Schon war er unterwegs zurück zum Mäuerchen. Er stellte fest, dass jemand sie inzwischen benutzt haben musste; die von ihm angebrachte Ranke lag nun abgerissen unter den Holmen. Die Leiter war wunderbar leicht zu tragen, und, ja, sie reichte bis zum Fenster. Daniel fand eine sichere Position, dann kletterte er hinauf.

Oh doch, dieser Blick lohnte die Mühe! Es gelang ihm, ein paar gute Aufnahmen zu machen. Hinterher stützte er die Ellbogen in die Fensterleibung und genoss für eine Weile die herrliche Aussicht. Viele Stellen in der Küstenlandschaft hatte er längst besucht, andere nahm er sich für die nächsten Tage vor. Bevor er an den Abstieg ging, sah er sich noch die nähere Umgebung an. Gleich da unten lag Colleens Hof mit den zwei Polytunnels, der Scheune und den sonstigen Nebengebäuden. Das Erdgeschoss war von der hohen Mauer hinter dem Grundstück verdeckt, aber im oberen Stock identifizierte er sein eigenes Zimmerfenster. Seltsam, da brannte ja Licht! Sollte er vergessen haben, es zu löschen? Er erinnerte sich allerdings genau, dass er die Staffelei vorhin näher ans Fenster gerückt hatte, um ohne Kunstlicht zu arbeiten, obwohl der Tag durch die Wolken teilweise recht düster war. Und nun sah er auch jemanden. Die Entfernung war zwar groß, aber er hatte scharfe Augen. Das war eindeutig Maura – was sie wohl in seinem Zimmer suchte? Jetzt verschwand sie aus dem Zimmer; das Licht ging aus.

Etwas verwundert kletterte Daniel hinunter, trug die Leiter zurück, wobei er nicht vergaß, wieder eine Ranke darauf anzubringen, und kehrte heim.

Er klopfte an die Tür der Studentin.

»Warst du in meinem Zimmer, Maura?«

»Ich hab die Wäsche aus dem Trockner geholt und sie dir gebracht.«

»Ah, danke. Colleen legt sie mir immer auf den Stuhl im Gang.«

»Ach so, das wusste ich nicht. Dann halte ich das in Zukunft auch so. Okay?« Sie lächelte, und das Grübchen erschien.

»Ja, natürlich …« Er zog sich zurück. Eigentlich war es ja egal, wer in sein Zimmer kam; er hatte keine Geheimnisse. Trotzdem musste er zugeben, dass es ihm unangenehm war. Seine Bilder sollten erst gesehen werden, sobald er sie selber herzeigte, nämlich, wenn sie wirklich fertig waren.

Er drehte das von der Waldfee um und studierte es noch einmal. Seltsam! Plötzlich schien es ihm besser. Die paar Pinselstriche von vorhin hatten genau den gewünschten Effekt erzielt: Man hatte den Eindruck, die geknickte Pflanze erholte sich bereits und schöpfte neue Kraft aus den Händen der Fee. Erleichtert stellte er es auf die Staffelei. Morgen würde er prüfen, ob noch etwas daran zu tun sei, aber für den Augenblick war er hochzufrieden damit. Nun war es Zeit, zum Pub zu radeln. Er packte eine Tasche und fuhr los.

Colleen wischte gerade die Lunchtafel sauber, als er ankam.

»Na, bist du heute wieder alles losgeworden?«, begrüßte er sie.

»Freilich, schon um halb drei diesmal.« Sie strahlte.

»Ich hab Farben mitgebracht. Soll ich auf die Tafel malen, was immer gilt? Dann brauchst du bloß die Gerichte aufschreiben.«

»Wirklich? Würdest du das tun?« Sie erklärte ihm, dass es täglich eine Suppe, ein belegtes Brot und einen Kuchen geben sollte.

»Leicht zu machen. Also gut, morgen ist es fertig.«

Sie bedankte sich ausführlich. »Schade, dass ich nicht bleiben und zuschauen kann. Aber ich muss noch viele Körbchen mit Ware packen, bevor wir ausgehen. Gott sei Dank bleibt es im Juni ewig hell.«

»Kommst du hierher? Bist du mit deinen Freundinnen unterwegs?

»Ich werde Maura das Pub zeigen. Linda ist übers Wochenende in Dublin, und Sorcha hat die Sommergrippe, die Arme.«

Er freute sich. Vielleicht würde sie ja wieder tanzen.

Die Bildchen auf der Tafel schaffte er, noch ehe die Bar sich füllte. Er pinselte auch in bunter Zierschrift *Lunch* oben hin und unten den Hinweis *Zutaten aus örtlichem Anbau.*

Es war rappelvoll im Lokal, als die Musik um neun einsetzte, und Daniel musste Tom Murphy von dessen Fernseher weglocken, weil er Unterstützung brauchte. Zeit für friedliche Unterhaltungen bot sich heute nicht, und Colleen und Maura konnte er nur aus der Ferne bewundern. Die zwei Frauen leuchteten wie seltene Urwaldvögel: Colleen in einem wadenlangen weiten moosgrünen Kleid mit großen orangefarbenen Blumen darauf, und Maura in tiefblauem Top und gelbem Minirock. Sie amüsierten sich offensichtlich herrlich mit Noel, dem Zimmermann, und einer Gruppe von seinen Freunden.

An der Theke hockten ein paar ältere Einheimische und beobachteten gelassen das bunte Treiben. Auch Mike Flanahan war darunter, der Mann, der damals so über Colleen geschimpft hatte. Er wirkte griesgrämig wie immer, und jedes Mal, wenn Daniel in seine Nähe kam, konnte er ihn riechen. Von Körperpflege schien der Kerl nichts zu halten. Dafür spülte er sich gründlich von innen; sieben Pints hatte er nun schon intus, und Daniel behielt ihn vorsichtshalber im Auge. Gegen Mitternacht jedoch rutschte Mike vom Hocker und taumelte aus der Tür. Diesmal hatte er wohl selbst gemerkt, dass er genug hatte.

Nach der Sperrstunde blieben einige Gäste hoffnungsvoll sitzen, aber heute kannte Tom kein Erbarmen. Er wollte ins Bett und schickte alle heim.

»Wo gehen wir jetzt hin?«, fragte Maura aufgekratzt, als sie zu dritt draußen standen.

Colleen lachte. »Jetzt gehen wir heim. Alle Kneipen sind geschlossen.«

Ungläubig sah sich die Großstädterin um. Tatsächlich schien Ballyferriter bereits zu schlafen. »Gibt es hier keinen Club? Eine Disco? Was ist mit dem Hotel?« Das kleine Hotel jedoch war ebenfalls dunkel, und Disco und Nightclub fanden sich bloß in Dingle.

Maura hakte sich bei Daniel unter. »Du musst mich führen«, verlangte sie, »ich bin ganz wackelig auf den Beinen.«

Daniel wunderte das nicht. Erstens hatte sie ungemein hohe Schuhe an, und zweitens eine Menge getrunken. Beides galt zwar auch für Colleen, aber die brauchte keine Stütze, sondern schob sein Fahrrad den Berg hoch. Maura räsonierte auf dem gesamten Heimweg über die vorsintflutlichen Zustände auf dem Land, wo man am »frühen Abend« bereits nichts mehr zu trinken kriege. Daniel ließ sie schimpfen und unterhielt sich angeregt mit Colleen über Tom Murphys Wandel: Neuerdings war der Wirt eifriger Verfechter des Lunch-Angebots – er holte jeden Tag im Pub Kuchen für sich und seine Frau ab, und zwar gleich am Anfang, damit er bestimmt noch etwas abbekam.

Am Sonntag ließ sich Daniel nach dem Abendessen von den Kindern zeigen, was der kleine Hund schon alles gelernt hatte. Fionn zerrte nur noch ganz selten an der Leine, er plumpste auf sein Hinterteil, sobald jemand »Sitz!« befahl, und rannte bereitwillig zu der Person, die »Komm!« rief. Geschleuderte Tennisbälle holte er begeistert zurück und spuckte sie vor dem Werfer auf den Boden. Oft war er sogar schnell genug, um sie noch in der Luft aufzufangen.

Daniel hatte eine neue Idee. »Jetzt soll er lernen, Dinge zu suchen«, erklärte er. Er hielt Fionn fest, während Orla dem Hund einen Ball unter die Nase hielt. Dann musste sie ein Stück weit über die Wiese gehen und den Ball im Gras niederlegen. Sie kam mit leeren Händen zurück. Nun wurde der Border Collie losgelassen.

»Wo ist der Ball? Such!«, forderte ihn Daniel auf.

Dass es um das gelbe runde Ding ging, verstand der Hund offenbar schon, bloß nicht, was von ihm verlangt wurde. Danny nahm ihn wieder am Halsband. Orla ging zu der Stelle, wo der Ball lag, hob ihn kurz hoch und legte ihn dann wieder ab, woraufhin Fionn eifrig wedelte. Erst als das Mädchen zurück war, durfte er losrennen. Diesmal fand er den Tennisball sofort und brachte ihn zu Daniel. Nach ein paar Versuchen klappte es wie am Schnürchen. Als Nächstes versteckten die Kinder zwei Bälle. Auch damit wurde Fionn bald fertig.

»Er ist blitzgescheit«, stellte Maura, die zugeschaut hatte, fest. »Morgen spielen wir mit drei und vier Bällen.«

»So viele Leute sind wir ja gar nicht«, protestierte Brid.

»Wir halten ihn und werfen. Dann muss er sie suchen.«

»Das wird lustig. Los, wir probieren es gleich!«

Aber Maura bestimmte, dass Fionn zuerst das heute Gelernte üben musste, bevor etwas Neues dazukam.

»Wie geht es dir mit deiner Zulassungsarbeit?«, erkundigte sich Daniel bei der Studentin, während die Kinder mit dem kleinen Hund im Gras herumpurzelten.

»Eigentlich ganz gut. Ich hatte das meiste Material ja schon vorher beisammen. Es geht jetzt bloß noch darum, alles in eine geordnete Form zu bringen. – Ich komme nachher noch runter ins Pub, wenn's dir recht ist.«

Daniel fand die Frage seltsam – was sollte er wohl dagegen haben? – und gab zurück: »Freilich, mach das ruhig. Ich geb dir ein Pint aus.«

An den Sonntagen war es in der Regel still im Lokal, weil die Einheimischen früh heimgingen. Die Feriengäste blieben auch nicht so lang. Die meisten Fremden wohnten in Ferienhäusern, wo samstags An- oder Abreisetag war. Das hieß, am Sonntag waren die Neuankömmlinge noch befangen und scheu. Gegen Ende der Woche tauten sie auf; da saßen sie oft bis zur Sperrstunde da. Heute jedoch stand ein kleiner Bus vor der Tür, und Daniel hörte die Musik schon, als er in die Hauptstraße einbog. Eine Flötenspielerin aus Dingle hatte eine ganze Gruppe Leute zusammengetrommelt, um ihren Geburtstag zu feiern. Sie hatten die Tischchen zur Seite geschoben, denn sie brauchten den Platz zum Musizieren. Zwei Geiger, drei Leute mit Harmonikas, einer mit Gitarre, jemand mit Handtrommel, zwei Querflöten- und ein paar *Tin-Whistle*-Spieler sowie jemand mit Banjo und zwei irische Dudelsackspieler waren im Kreis versammelt. *Reels*, Polkas und *Jigs* ertönten, ohne jede Unterbrechung. Natürlich stand ab und zu einer auf, um Biernachschub zu holen oder draußen eine Zigarette zu qualmen. Aber dann spielten eben die anderen ohne ihn weiter. Daniel hatte alle Hände voll zu tun damit, ihnen immer wieder Getränke zu zapfen – der Durst war groß!

Maura kam gegen zehn und kletterte auf einen Barhocker. Sie sah erfrischend aus in ihrem mintfarbenen Minirock und dem etwas dunkleren, tief ausgeschnittenen Pullover. Offenbar interessierte sie sich nicht besonders für irische Musik, denn sie unterhielt sich eifrig mit Daniel und den paar Männern an der Theke, während die meisten anderen Gäste die Musiker beobachteten und anfeuerten.

Mike Flanahan tauchte noch später auf, er wirkte aufgekratzt. Außerdem trug er ziemlich ordentliche Kleider, was ungewöhnlich war. Immerhin verzierte eine Stachelranke seinen Pullover an der Schulter. Daniel grinste. Wo der wohl herumgekrochen war? Mike trank in schneller Folge vier Pints und versuchte die ganze Zeit, Maura den Hof zu machen, die allerdings keinerlei Interesse zeigte. Zuletzt wandte sie ihm nach einem abweisenden Eisblick den Rücken zu, da kippte er den Rest seines Bieres hinunter und verschwand brummend.

Ein älterer Mann am Tresen grinste schief, als er weg war. »Der kann es einfach nicht lassen«, bemerkte er kopfschüttelnd.

Sein Nachbar sagte: »Nein, er lernt nichts dazu. Aber Geschmack hat er, das muss man zugeben. Immer die schönsten Frauen sucht er sich aus. Die Amerikanerin damals war ja auch recht appetitlich …«

Der andere zuckte die Schultern. »Na, die wäre vielleicht besser beraten gewesen, wenn sie sich mit ihm eingelassen hätte anstatt mit Billy, wer weiß.«

Daniel kam nicht umhin, den leisen Gedankenaustausch mit anzuhören, weil er gerade direkt vor ihnen drei Guinness zapfte. Billy – das war Colleens Exmann. Sollte es sich um die ermordete Amerikanerin handeln?

Mehr erfuhr er jedoch nicht, denn Maura verwickelte ihn nun in ein Gespräch über Deutschland. Sie wartete auch am Ende geduldig auf ihn, während er die Tische und Hocker wieder an ihren richtigen Platz rückte, die Gläser einsammelte und in die Spüle stellte, die Abrechnung machte und das Geld in den kleinen Safe im Treppenhaus legte. Diesmal musste er sein Rad schieben, was Maura aber nicht daran hinderte, sich wieder bei ihm unterzuhaken. Daniel fragte sich ernsthaft, warum sie nicht etwas bequemere Schuhe anzog …

13

Maura schwebte auf Wolke sieben. Sie war ganz sicher, dass sie diesmal den richtigen Mann getroffen hatte. Von Anfang an hatte Danny sie bezaubert. Er war so freundlich, so rücksichtsvoll, so nett. Und was für ein Künstler!

Wenn sie an ihre gemeinsame Zukunft dachte, konnte sie diese gedanklich selbst zeichnen: In klaren Farben sah sie, wie glücklich ihr Leben ablaufen würde. Sie würden zusammen in einer Gegend wohnen, wo es landschaftlich schön war. Hier zum Beispiel. Maura würde eine eigene Praxis haben und sich um die Pferde, Rinder, Schafe und Arbeitshunde der Farmer kümmern. Vielleicht könnte sie eines Tages ein eigenes Pferd besitzen, einen Hund natürlich auch. Und eine Katze. An den Abenden würden sie am Feuer sitzen und …

Was tat man abends am Feuer? Also gut, man konnte schmusen und reden. Lesen. Rätsel lösen. Eigentlich klang es etwas eintönig. Vielleicht wäre doch eine Stadt besser. Bloß war sie nicht sicher, ob Danny sich das auch wünschte. Im Augenblick schien er sich ja sehr wohlzufühlen hier, zwischen den Hügeln und dem Meer. Nach einigem Sinnen beschloss Maura, dass er auf Dauer bestimmt mehr Anregung brauchen würde; ein gewisses

Kulturangebot wie Ausstellungen, Theater, Musikveranstaltungen musste ja seine Schaffenskraft erhöhen. Sie jedenfalls wollte eigentlich nicht auf dem Land versauern. Das Pub unten war ja ganz nett, und die Musiker waren auch nicht schlecht. Aber sie dudelten halt bloß traditionelle irische Musik, während Maura Jazz, Rock und Klassik liebte. Und sie tanzte gern Salsa und Zumba. Sie musste Danny unbedingt fragen, was er gern hörte und ob er überhaupt tanzte. In seinem Zimmer hatte sie weder CDs noch ein Abspielgerät gefunden. Na, wahrscheinlich hörte er Musik nur über den Computer.

Energisch wandte sie sich wieder ihrer Diplomarbeit zu, musste sich aber selbst motivieren: Wenn sie diesen Abschnitt beendet hatte, durfte sie auf einen Drink in Murphy's gehen. Leider zeigte sich der betreffende Part äußerst widerspenstig; sie hörte Danny heimkommen, noch ehe sie fertig war. Seufzend fuhr sie den Laptop herunter und ging zu Bett.

Bisher hatte er nicht zugegeben, dass er sie liebte. Sie war sich dessen allerdings ziemlich sicher. Er schaute sie so oft forschend an und beobachtete ihre Bewegungen! Auf dem Heimweg vom Pub hatte er sie sorgsam geführt. Ja, sie gefiel ihm ganz bestimmt, schließlich hatte er sie gemalt und sieben oder acht Skizzen von ihr angefertigt. Colleen hatte er zwar ebenfalls gezeichnet, häufiger sogar, wie sie in seinem Zimmer festgestellt hatte – aber er wohnte ja auch schon eine Weile hier, während Maura erst seit einer Woche da war.

Darüber hinaus konnte er kaum an der Farmerin interessiert sein: Sie war viel zu alt für ihn, und dann noch mit den zwei Kindern … Nein, sie diente ihm nur als Modell für bestimmte Gemälde.

Sollte Maura abwarten, bis er sich erklärte, oder sollte sie die Initiative ergreifen? Sie fand es eigentlich liebenswert, dass er so zurückhaltend war. Andererseits war es schade, wertvolle Zeit zu vergeuden. Na, ein paar Tage konnte sie ihm noch zugestehen.

Es gefiel ihr auch, wie liebevoll er über seine jüngere Schwester gesprochen hatte. Maura kicherte bei der Erinnerung. Er hatte fast väterlich gewirkt; dabei war er bloß drei oder vier Jahre älter. Zwanzig war die Schwester, und er war ja allerhöchstens vierundzwanzig – Maura nahm sich vor, ihn bald mal zu fragen, wann er Geburtstag hatte, dann würde er vielleicht auch sein Alter erwähnen.

Am Dienstag gelang Maura ein Durchbruch mit ihrer Arbeit. Sie hatte versehentlich durch hastiges Ziehen und falsches Klicken mit der Maus die Reihenfolge ihrer Abschnitte in der Gliederung durcheinandergebracht. Gerade wollte sie ärgerlich alles rückgängig machen, als ihr klar wurde, dass ein Punkt, der sich sperrig gezeigt hatte, sich an der anderen Stelle nun viel besser einfügte. Sie überarbeitete daraufhin die gesamte Gliederung und kopierte die fertigen Kapitel an ihren neuen Platz. Das hieß allerdings, dass sie die jeweils einleitenden Sätze ändern musste, aber das war ja schnell erledigt. Das nächste Kapitel reihte sich jetzt reibungslos an. Sie schrieb bis zwei Uhr. Danny war längst im Bett.

Deshalb freute sie sich am Mittwoch um so mehr auf den Abend. Der Maler war gleich nach dem Frühstück mit Fahrrad und Rucksack verschwunden, obwohl es leicht nieselte und neblig war. Zum Glück gab es in den Gewächshäusern viel zu tun. Inzwischen mochte Maura die warme, feuchte Luft in den Polytunnels richtig gern. Sie spielte oft mit den Kindern »Urwaldforscher«. Um zu überleben, sammelten sie Früchte und Wurzeln in Körbchen. So wurde die Arbeit zum Abenteuer. Und dazu erzählte sie den Kleinen von den Tieren, die im Regenwald lebten. Heute ging die Reise nach Java, und sie begegneten Riesenschlangen, Orang-Utans und Leoparden. Nach einem Mittagsimbiss aus belegten Broten wanderten sie zum Meer, um mit Fionn zu spielen und ihn zu trainieren. Inzwischen hatte ein leichter Wind den Nebel vertrieben.

Leider fand sie Danny nirgends – sie hatte gehofft, ihn vielleicht am Menhir zu treffen oder zwischen den Felsen am Ende des Strandes. Auf dem Rückweg lieferte sie die Kinder bei deren Großeltern ab, bevor sie zurück zur Farm ging. Das Rad lehnte im Schuppen.

Sie machte zwei Tassen Tee und klopfte an Dannys Tür.

»Herein!«

»Ich hab dir Tee gebracht. Hoffentlich störe ich nicht.«

Er stand an der Staffelei und malte auf einer großen Leinwand. Da er aber zur Tür kam, um ihr die Tasse abzunehmen, konnte Maura nicht sehen, woran er arbeitete.

»Gute Idee.« Er bedankte sich, wirkte aber abwesend; offenbar beschäftigte ihn sein Gemälde.

»Danny, wann und wie fahren wir denn heut nach Dingle?«

»Nach Dingle? Ach so, ja. Nach dem Essen halt, so um acht?«

»Gut, das passt. Aber wie kommen wir hin?«

Danny kratzte sich hinter den Ohren. »Hm. Ich hab noch nicht darüber nachgedacht. Sonst fahre ich immer per Anhalter ...«

Maura zog schockiert die Augenbrauen hoch.

»Oder wir könnten ein Taxi nehmen«, fügte er schnell hinzu.

»Ja, das klingt prima. Ich freu mich schon. – Bis nachher dann!«

Etwas enttäuscht zog sie sich zurück. Sie hätte gern noch ein bisschen mit ihm geplaudert, nur hatte er wenig Interesse gezeigt. Na, sollte er halt arbeiten. Sie nahm sich ein Beispiel daran und setzte sich auch an ihren Laptop. Zuerst jedoch sichtete sie ihre Kleidungsstücke und legte sich zurecht, was sie abends anziehen würde: ein enges kurzes Kleid in Tiefrot mit weitem Ausschnitt, rote hochhackige Sandaletten dazu. Die Handtasche war ebenfalls rot, aber als Schmuck suchte sie mehrere farbige Ketten und Armbänder heraus. Besonders sorgfältig wählte sie auch die Unterwäsche – man konnte schließlich nie wissen.

Um sieben gab es ein Gericht, das Orla auf Deutsch ankündigte: Reiberdatschi mit Apfelmus. Sie hatte wie immer beim Kochen geholfen und erklärte exakt, wie es gemacht worden war. Für den Donnerstag versprach Danny der kleinen Brid eine Malstunde, die sich die Kleine schon lange sehnsüchtig erhofft hatte. Es war wirklich nett von ihm, dass er so auf die Kinder einging.

»Colleen, hast du eine Telefonnummer eines Taxibetriebs? Gibt es überhaupt welche in Ballyferriter?«, erkundigte sich der Maler.

»Freilich; Dave Kennedy oder Mick Dwyer. Wo willst du denn hin?«

»Wir gehen heute in Dingle aus«, erklärte Maura strahlend.

Die Farmerin stand auf, um den Tisch abzuräumen. Dann gab sie Danny die Nummern und wünschte beiden viel Spaß.

Maura fand die Reaktion fast ein wenig kühl. Immerhin war das ihr erstes Rendezvous, da hätte Colleen eigentlich etwas mehr Begeisterung zeigen können. Sie machte sich sorgfältig zurecht und kam Punkt acht wieder in die Wohnküche, wo Danny wartete. Sie war durchaus zufrieden mit seiner Reaktion: Er riss die Augen auf und strahlte sie dann an. »Toll siehst du aus!«, rief er bewundernd. »Das Taxi ist schon da. Wo hast du deine Jacke?«

»Ich nehme keine mit. Es ist ja Hochsommer«, erklärte sie.

Colleen hatte sie kritisch gemustert. Nun wandte sie sich ab, um ein Grinsen zu verbergen.

Sie wusste natürlich genau, dass irische Frauen selbst mitten im Winter ohne Jacke oder Mantel ausgehen. Keine Irin will sich ihr sorgsam gewähltes Outfit durch langweilige Überkleidung verderben. Es gibt ja auch in den Lokalen nirgends Garderobehaken, wo man überflüssige Kleidungsstücke aufhängen kann.

Der Abend verlief durchaus befriedigend. Sie tranken in verschiedenen Bars und unterhielten sich. Ab zehn zogen sie durch mehrere Pubs, wo Musik gespielt wurde. Danny gefiel die irische Musik am besten.

»Ich finde das faszinierend«, sagte er. »Irgendwie klingen die Stücke alle gleich, und sie werden wieder und wieder gespielt. Wenn ich da stehe und zuhöre, driften meine Gedanken mit den Melodien im Kreis herum, und ich hebe völlig ab.«

Maura lachte ihn aus. »Ich find's eher langweilig, wenn sie immer dieselben Polkas dudeln. Ich will auch gar nicht, dass du abhebst. Gehen wir lieber irgendwohin, wo man tanzen kann.«

Zuletzt blieben sie in einer Bar hängen, in der Rock und Blues gespielt wurden. Danny tanzte zum Glück ebenfalls gern, allerdings konnte er keine Tanzschritte. Zu schnellen Stücken tanzte er für sich; und bei langsamen wiegte er sich mit Maura zusammen hin und her, in einer Art Schlurfschritt. Sie deutete an, dass Boogie, Tango und Salsa leicht zu lernen seien, aber der Maler grinste.

»Mit achtzehn habe ich einen Tanzkurs gemacht, wo sie versucht haben, mir Foxtrott und

Walzer beizubringen. Es war hoffnungslos. Die Mädchen sind alle geflüchtet, wenn ich sie auffordern wollte – mit Recht, weil ich mehr Zeit auf den Füßen meiner Partnerinnen verbrachte als auf dem Parkett …«

Maura weigerte sich, das zu glauben. Für den Augenblick aber war sie damit zufrieden, sich eng an Danny zu lehnen und ihm ab und zu tief in die Augen zu sehen. Mit ihren hohen Schuhen war sie fast so groß wie er, das machte es ihr leicht, ihre Wange an seine zu legen. Wie gut er roch! Nicht nach Rasierwasser, sondern nach Wind und Meer, und ein kleines bisschen nach Seife.

Ärgerlich war es nur, dass die Band meist rockige Stücke spielte. Das fuhr Danny offenbar in die Beine. Dann löste er sich von ihr und tanzte allein. Sie beobachtete ihn. Er bewegte sich geschickt – komisch, dass er einzeln ein hervorragender Tänzer war und mit Partnerin so unbeholfen!

Um halb zwölf machte das Pub zu. Maura hatte jedoch nicht die Absicht, den Spaß schon zu beenden. Sie schleppte Danny noch in den Nightclub, wo ein DJ auflegte. Sie tanzten und tranken weiter, und als sie um zwei endlich im Taxi saßen, waren beide einigermaßen angeheitert.

»Ach schau, der Mond, wie romantisch!«, rief Maura. Es sah tatsächlich wunderschön aus, wie das Licht auf den Wellen schimmerte.

Danny stellte fest: »Der hat bestimmt genauso viel getrunken wie wir. Er ist ja fast voll.« Über diese unterschiedliche Sichtweise alberten sie dann während der ganzen Heimfahrt herum.

Daheim wartete Maura vor der Hintertür auf ihn, bis er den Fahrer bezahlt und weggeschickt hatte. »Das war ein schöner Abend«, sagte sie. »Vielen lieben Dank, Danny!« Und da er keinerlei Anstalten machte, ergriff sie nun die Initiative: Sie schlang ihre Arme um ihn und küsste ihn. Seine Reaktion enttäuschte sie nicht. Er drückte sie zärtlich an sich, und es wurde ein langer, inniger Kuss.

Schließlich machte sie sich los. »Gute Nacht«, hauchte sie, drehte sich um und lief die Treppe hinauf.

Am nächsten Morgen hatte sie erwartungsgemäß einen dicken Kopf. Sie schluckte Aspirin, biss die Zähne zusammen und ging hinunter zum Frühstück. Danny wirkte auch etwas zerknittert, aber als sie ihn anlächelte, grinste er breit zurück. Colleen studierte beide ausgiebig, sagte jedoch nichts.

Die zwei Frauen packten Gemüse und Beeren in Körbchen und beluden den Pick-up mit der Ware für den Wochenmarkt. Während Colleen dann das Lunchangebot für Tom vorbereitete, ließ Maura die Mädchen drinnen spielen. Es war deutlich kühler geworden, und ein durchdringender feiner Regen sprühte über das Land. Sie war enttäuscht, als Danny trotzdem mit dem Rad verschwand.

Er kehrte erst um vier heim, als sie längst in ihrem Zimmer tippte. Seit sie die Gliederung überarbeitet hatte, kam sie hervorragend voran und hatte ein wirklich gutes Gefühl. Wenn es so weiterging, konnte sie in ein paar Tagen die Arbeit abschließen. Dann blieb ihr noch eine Menge Zeit, sich auf die letzten zwei Semester mit ihren schwierigen Prüfungen vorzubereiten.

Als Colleen und die Kinder nach Hause kamen, rief Danny die kleine Brid in sein Zimmer. Ach richtig, er hatte ihr ja eine Malstunde versprochen. Maura wäre zu gern dabei gewesen, aber klopfen und darum bitten wollte sie auch nicht. Es schien ihr aufdringlich. Das Ergebnis bekam sie sicher ohnehin noch vor dem Abendessen zu sehen.

»Schau, was ich gemalt habe!« Stolz hielt ihr die Kleine ein großes Bild vor die Nase. Darauf erkannte Maura eine sehr irische Landschaft mit grünen Hügeln, blauem Himmel und weißen Wolken. Auf der Wiese standen Schafe, und ein schwarzweißer Hund rannte zu ihnen hin. Ein Mädchen mit roten Haaren lief hinterher.

»Das ist Fionn«, erklärte Brid, »und das bin ich.«

»Oh, das sieht man gleich. Hast du das ganz allein gemalt?« Maura war überrascht. Das Bild war gar nicht schlecht.

»Freilich. Aber Danny hat mir gezeigt, wie ich die Farben mischen kann, damit sie wie die wirkliche Wiese und der wirkliche Himmel aussehen. Das war lustig. Hast du gewusst, dass Grün herauskommt, wenn man Gelb und Blau miteinander mixt?«

Beim Essen lenkte Maura das Gespräch auf den Delfin Fungie. Orla und Brid redeten aufgeregt durcheinander, und es war gar nicht so leicht, Einzelheiten zu verstehen. Aber ihre Begeisterung verstand man auch ohne Worte.

»Sollen wir morgen mal rausfahren zu ihm?«, wandte sie sich an Danny. »Du hast ihn doch auch noch nicht besucht, oder?«

»Ja, stimmt, darüber haben wir ja neulich schon geredet. Also gut, morgen – falls das Wetter mitspielt.«

Als Maura wenig später Colleen half, die Küche in Ordnung zu bringen, erkundigte sich diese wie beiläufig: »Und, gehst du heute wieder runter ins Pub?«

Maura war hin- und hergerissen: Einerseits wollte sie natürlich gern den Abend mit Danny verbringen. Andererseits war sie schlapp – sie hatte gestern eine Menge getrunken. An drei Gin Tonic und ein paar Pints Cider konnte sie sich erinnern, aber vermutlich war es noch mehr gewesen. Außerdem taten ihr die Füße weh, nachdem sie viele Stunden auf den hohen Absätzen gestanden hatte. Und falls Danny sie vermisste, würde das auch nichts schaden.

»Ich glaube, ich bleibe daheim«, entschied sie. »Ich schreibe noch ein bisschen, und dann geh ich bald schlafen. Gute Nacht, Colleen.«

Am Freitag brachte Maura die Kinder wie immer kurz vor drei zu den Großeltern. Sie hatte Danny wieder nur beim Frühstück gesehen, aber sie hatten ausgemacht, sich nachmittags am Supermarkt zu treffen, damit sie nicht mehr hochlaufen musste.

Manchmal dachte Maura wehmütig an ihr Fitnessstudio in Dublin: Ausdauertraining in schicker Gymnastikkleidung in sauberer Umgebung und berieselt von seichter Musik war schon angenehmer als dieses dauernde Auf und Ab auf unebenen, nassen Wegen. Allerdings wirkte es genauso gut: Inzwischen keuchte sie nicht mehr beim Anstieg zur Farm, und sie schaffte den Weg meist in knappen zwanzig Minuten – das war nicht schlecht für zwei Kilometer.

Danny kam aus Murphy's Pub. Er hielt triumphierend einen Schlüsselbund hoch. »Colleen hat mir den Pick-up geliehen. Sie nimmt dann mein Rad mit rauf, wenn sie aufhört.«

Auf der Fahrt redeten sie nur wenig. Danny erklärte, dass er sich auf den engen Straßen mit einem fremden Auto konzentrieren müsse, und ihr war es recht. So konnte sie immer wieder ungeniert sein Profil bewundern – indem sie so tat, als würde sie das Meer hinter ihm betrachten.

Das Boot ging um vier. Mehrere Familien mit Kindern, einige Pärchen und eine Gruppe junger Leute saßen auf den Bänken entlang der Reling und auf dem Kasten in der Mitte. Der Kapitän war ein Mann um die dreißig. Er hatte lange blonde Haare, die unter einer bunten Wollmütze herausquollen, und trug eine orangefarbene Öljacke. Sobald alle an Bord geklettert waren, verdrückte er sich in die Kajüte zu seinem Steuerrad.

Um die Passagiere kümmerte sich ein junges Mädchen, vielleicht seine Schwester. Während das Boot in die Hafenbucht hinaustuckerte, erklärte sie, was es mit dem Delfin auf sich hatte: Vor dreißig Jahren war er plötzlich in Dingle aufgetaucht und geblieben. Er begleitete von Anfang an größere und kleinere Boote. Bald bauten viele Fischer ihre Fahrzeuge für den Touristenbetrieb um, und Fungie wurde zur Attraktion für alle Dingle-Besucher.

Tatsächlich tauchte der Delfin neben dem Kutter auf, sobald sie die Stelle erreicht hatten, wo die Hafenbucht ins offene Meer überging. Er machte ein paar lustige Sprünge, dann schwamm er davon. Der Kapitän folgte ihm ein Stück, aber das Tier hatte die Richtung geändert. Plötzlich kam er dicht unter der Reling an die Oberfläche. Maura und Danny konnten seine Augen sehen, als er die Passagiere zu mustern schien.

Das Spiel dauerte fast eine Stunde. Fungie tauchte mal links, mal rechts von ihnen auf, zog weite Kreise oder sprang übermütig in die Luft. Endlich kehrte der Kapitän um. Auf dem Rückweg begegneten sie einem anderen Boot voller Touristen.

Das Mädchen kam zum Kassieren; man musste nämlich nur zahlen, wenn man Fungie auch wirklich zu sehen bekam.

»Kommt es oft vor, dass er nicht erscheint?«, fragte Danny.

Das Mädchen lachte. »Ich hab's noch nie erlebt. Er ist immer da.«

Auf dem Pier hängte sich Maura bei Danny ein. »Dankeschön. Das war toll. Delfine sind ganz besondere Tiere, findest du nicht?«

»Ich weiß nicht arg viel über sie«, gestand der Maler. »Aber es war, als ob er mit uns kommunizieren wollte. Erstaunlich!«

Da Danny um sechs im Pub sein musste, hatte er es eilig, heimzufahren. Er lieferte Maura und den Wagen oben ab, sprang auf sein Rad und sauste den Weg wieder hinunter.

Sie sah ihm lächelnd nach. Er war wirklich ungewöhnlich schüchtern. Aber an seinem Kuss neulich war nichts auszusetzen; der war wirklich leidenschaftlich gewesen. Sie würde eben bei der nächsten Gelegenheit noch einmal selbst aktiv werden müssen. Außer seiner Zurückhaltung stand ihnen beiden jedenfalls nichts im Weg. Sie hatte ihn unauffällig ausgefragt, und er war weder verheiratet noch in einer festen Beziehung. Er hatte es sogar weit von sich gewiesen, verliebt zu sein. Aber das glaubte sie nicht. Dazu schaute er sie zu oft ganz versunken an …

14

Colleen schnitt Erdbeerableger ab und setzte sie ein. Die Pflanzen im linken Beet waren bereits drei Jahre alt; sie mussten demnächst ersetzt werden. Heuer lieferten sie allerdings noch eine üppige Ernte. Vielleicht sollte sie das nächste Frühjahr abwarten, bevor sie ausrangiert wurden. Mit den frischen Setzlingen begann sie eine neue Reihe.

Sie genoss die Ruhe. Freitagnachmittage waren immer schön. Die Kinder blieben über Nacht weg, und sie konnte den Abend gestalten, wie sie wollte. Es gab nicht einmal eine festgelegte Essenszeit. In der Küche stand ein Eintopf, und wer hungrig war, bediente sich einfach. Das betraf heute nur Maura. Colleen hatte Danny mittags eine Portion mit ins Pub genommen und dort für ihn bereitgestellt. Sie wusste ja, dass ihm nach dem Delfin-Ausflug keine Zeit zum Essen bleiben würde. Auf die Lunch-Tafel hatte sie »STEW FOR DANNY!« geschrieben und diese so aufgebaut, dass er sie unmöglich übersehen konnte.

Die Tafel war wirklich ein Schmuckstück mit den appetitlichen Bildchen. Sie war immer wieder überrascht, wie gut er zeichnen konnte. Es sah aus, als müsse er sich nicht mal anstrengen dabei. Gestern hatte sie Gelegenheit gehabt, ihn zu beobachten, als er nach dem Frühstück für die Kinder mit raschen Strichen ein Bild skizziert hatte. Darauf war zu sehen, wie Maura mit Brid, Orla und Fionn den Weg hinunterging. Brid hatte ihn darum gebeten, etwas zu malen; sie wollte es als Vorlage, sagte sie. Colleen lächelte. Die Kleine hatte tatsächlich begonnen, die Skizze auf ihren Schulblock abzuzeichnen, sobald der Küchentisch abgeräumt war, und es war nicht schlecht gelungen. Maura hatte natürlich ebenfalls zugeguckt und den Maler wortreich bewundert …

Oha! Colleen merkte, dass sie einen Ableger in Gedanken völlig zugeschüttet und die Erde darauf festgedrückt hatte. Behutsam grub sie ihn wieder aus und setzte ihn nun ordnungsgemäß ein. Sobald sie an die Studentin dachte, wurde sie ganz fahrig und unkonzentriert; es war ihr schon ein paarmal aufgefallen. Sie kriegte das Bild nicht aus dem Sinn, wie Danny das Mädchen vor der Hintertür geküsst hatte. Colleen war aufgestanden, um nach dem kleinen Hund zu sehen, der an dem Abend jämmerlich winselte. Sie hatte sich zu ihm ins Heu gesetzt und ihn gestreichelt, dabei aber die Scheunentür halb offen gelassen. So hatte sie das Taxi ankommen gesehen und dann den heißen Abschied der beiden beobachtet.

Es ging sie wahrhaftig nichts an. Sie rief sich zur Ordnung. Maura war erwachsen und musste selbst wissen, was sie tat, und für Danny galt das natürlich ebenso. Kein Wunder, wenn er sich in die hübsche junge Frau verliebte. Sie war gescheit, sie sah entzückend aus mit ihrer blonden Mähne und der tollen Figur, und sie war zuverlässig und freundlich. Tierlieb und tüchtig. Colleen dachte nach, ob ihr noch mehr einfiel.

Eitel. Auf die Idee, dass man das Dorfpub gut in Turnschuhen besuchen konnte, war sie überhaupt nicht verfallen. Gestern wäre sie offenbar gern hinuntergegangen, bloß taten ihr sichtlich die Füße weh. Colleen grinste. Ganz ehrlich war Maura auch nicht gewesen: Bei der Ankunft hatte sie es weit von sich gewiesen, dass in ihrem Wahnsinnsgepäck vor allem Kleidung sei. Aber inzwischen hatte Colleen schon drei verschiedene schicke Ausgeh-Outfits an ihr gesehen, drei Paar hochhackige Schuhe und zwei Handtaschen. Und selbst daheim trug das Mädel nicht täglich dieselben Jeans, sondern hatte mindestens vier unterschiedliche, von Shirts ganz zu schweigen.

Colleen riss sich zusammen. Das war ihrer nicht würdig. Vielleicht war sie sogar ein bisschen neidisch? – Sie horchte in sich hinein. – Nein, das war nicht der Fall. Sie hatte zwar nicht so viel Auswahl für den Alltag, aber zum Ausgehen besaß sie genug gute Stücke. Und notfalls tauschte sie mit ihren Freundinnen Sachen aus. Das war sowieso immer am lustigsten. Sollte sie für den Abend nicht mal wieder ein Treffen einberufen? Sie grub ihr Mobiltelefon aus der Tasche ihrer Latzhose.

»Linda? Hast du heute Zeit und Lust?«

»Auf was?«

»Egal. Sollen wir im Swingerclub auf den Tischen tanzen?«

»Huh! Schön wär's! Kennst du denn einen?«

»Leider nein. Ich dachte, du weißt Bescheid.«

Schließlich machten sie aus, erst im Hotel in Dingle ein paar Gläser zu trinken und später in die Weinbar zu gehen. Da spielte heute eine gute Frauen-Jazz-Gruppe.

Colleen verwendete viel Sorgfalt auf Kleidung und Make-up. Bei einer letzten Prüfung vor dem großen Spiegel in ihrem Schlafzimmer war sie durchaus zufrieden mit ihrem Anblick. Über einem engen dunkelgrünen Top trug sie eine lockere schwarze Seidentunika und dazu einen fast wadenlangen schwarzen Rock. Um die Stirn hatte sie einen hauchdünnen Schal gebunden, der dieselbe Farbe wie das Oberteil und ihre Augen hatte, und auch die hohen Schuhe und das Umhängetäschchen waren grün.

Als sie um halb neun losfahren wollte, traf sie auf Maura, die ebenfalls in Kampfkleidung war: Ihr dunkelrotes Kleid – wie immer hauteng, dekolletiert und kurz – wurde ergänzt durch ein durchsichtiges buntes Shirt mit weiten Ärmeln. Sie sah umwerfend aus, wie ein großer exotischer Schmetterling.

»Hey, du schaust großartig aus!«, rief die Studentin.

»Du auch, Maura. Sollen wir dich nach Dingle mitnehmen? Linda holt mich gleich ab.« Das war ein bisschen boshaft; das Mädchen wollte bestimmt nicht in die Stadt.

»Ach, danke, nein. Ich will bloß ins Pub. Aber wenn ich bis dahin mitfahren darf?«

Sie ließen Maura also vor Murphy's aussteigen.

»Dein Au-pair-Girl ist ja eine heiße Nummer«, bemerkte Sorcha. »Wen will sie denn in unserer friedlichen Kneipe verführen? Die alten Knacker?«

»Oder ist sie etwa hinter dem schönen Maler her?« Linda kicherte.

»Gönnt doch den alten Knackern auch mal einen Augenschmaus«, sagte Colleen milde. »Ist der Maler schön?«

»Bist du blind geworden, oder was?« Linda schüttelte den Kopf. »Diese Haare, diese Haltung –«

»Diese Augen«, ergänzte Sorcha schwärmerisch.

»Ja, wie Whiskey, nicht?«, warf Colleen ein.

»Also gut, ganz blind ist sie noch nicht, unsere Einsiedlerin.«

»He, ich bin doch keine Einsiedlerin«, empörte sich Colleen. »Ich habe die feste Absicht, heute den Sizilianer anzuknabbern.«

Das löste prustendes Gelächter aus. Der Besitzer der Weinbar hatte das romantische Aussehen und die Glutaugen eines feurigen Südeuropäers, war jedoch in Wirklichkeit ein sehr sanfter und sehr schwuler Londoner, der vor Jahren in Dingle gelandet war. Er wurde ständig von Frauen und Mädchen angehimmelt, was ihm außerordentlich unangenehm war. Nie wusste er, wie er reagieren sollte, ohne seine Verehrerinnen zu beleidigen, warf ängstliche Blicke zur Küche, wo sein Freund Pizzas machte, und wand sich vor Verlegenheit. Es war ein sehr erheiternder Anblick.

Als die drei Freundinnen nach einem fröhlichen Abend mit dem Taxi nach Ballyferriter kamen, sahen sie noch Licht im Pub.

»Ein Absacker?«, schlug Linda vor.

»Och nein, ich habe genug«, wehrte Colleen ab. Sie hatte keine große Lust, Dannys Rad heimzuschieben, während der Maler die betrunkene Studentin stützte oder gar mit ihr schmuste.

»Sei still, du Spielverderberin«, befahl jedoch Sorcha. Colleen wurde überstimmt. Sie klopften an der Hintertür, denn vorn war schon zugesperrt.

Tom Murphy ließ sie ein. »Ihr seid spät dran«, brummte er und blinzelte ihnen zu. »Aber drei so schöne Frauen kann ich nicht auf der Straße stehen lassen.«

Viel war nicht mehr los. Die Musiker packten gerade ihre Instrumente zusammen, und ein paar Gäste hockten noch vor ihren halb vollen Gläsern. An der Theke saß Maura, während Danny mit der Spülmaschine beschäftigt war.

Seine Augen leuchteten auf, als er Colleen sah. »Ich dachte schon, ihr kommt gar nicht mehr«, rief er. »Bier?«

Maura schaute weniger erfreut, als er den späten Gästen einschenkte. Aber gerade kam ein älterer Amerikaner zu ihnen herüber und sprach Danny an: »Wie ist das nun mit dem Bild? Nehme ich es einfach von der Wand oder was?«

»Ich kann es schon für dich abhängen, aber du hast es bezahlt, und jetzt ist es deins«, lachte Danny. Er ging hinüber, holte das Bild vom

Haken und reichte es dem Gast. Der betrachtete es erfreut und wandte sich an Sorcha: »Das habe ich gekauft – ist es nicht großartig? Nanu! Das bist ja du! Und deine zwei Freundinnen hier sind die von dem Bild – Donnerwetter!« Er sah Colleen an.

Weder Linda noch Sorcha hatten es bisher gesehen. Sie waren absolut begeistert, und fast hätte es Streit gegeben, weil sie übereinstimmend verlangten, der Tourist müsse es zurückgeben, was dieser empört von sich wies. Danny mischte sich zuletzt lachend ein: »Ich male es eben noch zweimal, dann könnt ihr es auch kaufen.«

»Wenn es dir aber nicht wieder so gut gelingt?« Lindas Zweifel wurden erst durch Colleen beruhigt, die versicherte, dass dem Maler absolut jedes Bild gelang. Er grinste und zwinkerte ihr zu. »Danke. Die anderen drei sind ebenfalls weg«, teilte er ihr mit und deutete auf die leere Wand. Seine Vermieterin gönnte ihm den Erfolg von Herzen.

Der Heimweg verlief nicht ganz wie erwartet. Als Maura sich bei ihm unterhakte, sagte er: »Ich lasse das Rad unten. Ich kann's ja morgen holen. Es wäre doch komplett ungerecht, wenn Colleen es wieder den steilen Berg hochschieben müsste. Komm, gib mir die Hand.« Damit packte er Colleens Hand, und sie marschierten zu dritt zum Hof hinauf.

Sie ließ es mit gemischten Gefühlen zu. Einerseits war Händchenhalten mit ihrem Mieter sehr nett. Andererseits wäre es noch netter gewesen ohne Maura an seiner anderen Seite. Immerhin schmusten sie nicht, und oben drückte er beide Frauen kurz an sich, als Gutenachtgruß. Dann sprang er mit raschen Schritten die Treppe hinauf.

Als Maura ihm langsamer folgte, wirkte sie nicht besonders glücklich, wie Colleen befriedigt feststellte.

Die Sommerwochen zogen wie immer rasend schnell dahin. Es war wirklich ein Glück, dass Maura die Kinder und den Hund bei Laune hielt, und sich auch in den Polytunnels so eifrig zeigte, sonst hätte Colleen es kaum geschafft. Ständig musste reifes Gemüse geerntet und zum Verkauf verpackt werden. Das Unkraut in den Beeten im Freien wucherte in der feuchtwarmen Luft wie ein Urwald, und man war fast täglich zum Jäten gezwungen. Dazu kamen der Trubel im Pub und das neue Lunch-Angebot, das ebenfalls viel Arbeit machte. Ab Mitte Juli war die ganze Gegend von irischen und fremden Touristen überschwemmt, und wenn das Wetter schlecht war, saßen sie eben gern in Pubs und Cafés herum.

An einem Samstag Anfang August hatte sie vor ihrem Job im Pub alle Hände voll zu tun. Maura schlief offenbar einmal ordentlich aus – sie war zum Frühstück gar nicht aufgetaucht, und die Kinder waren ja bei Oma und Opa. Eilig und konzentriert packte Colleen Körbchen mit Erbsen, Bohnen, Erdbeeren und Himbeeren, flocht ein paar Zwiebelzöpfe und verstaute das Zeug im Pick-up. Sie schaffte es gerade noch, die Suppe und ein paar Sandwiches zu machen. Bloß mit dem Apfelkuchen hatte sie sich verkalkuliert. Als Danny mit seinem Rucksack durch die Küche kam, warf sie ihm einen verzweifelten Blick zu.

»Was ist denn los? Du schaust gestresst – so kenn ich dich ja gar nicht«, sagte er.

»Ja, stimmt. Der Kuchen braucht noch zwanzig Minuten, und ich muss eine Sonderlieferung nach Dingle in den großen Supermarkt bringen. Die brauchen früher Nachschub als sonst, weil solche Massen an Fremden da sind. Falls ich warte, schaffe ich es nicht, rechtzeitig im Pub zu sein.«

»Na, das ist wirklich kein Problem. Fahr einfach los, und ich kümmere mich um den Rest – wenn ich dafür ein Stück abbekomme.« Er grinste breit.

»Echt? Aber du bist doch unterwegs …« Sie deutete zu seinem Rucksack.

»Die Hügel und der Strand sind in einer halben Stunde immer noch da. Ab mit dir!«, kommandierte er und schob sie aus der Tür, während sie ihm letzte Hinweise gab.

Hinterher musste sie darüber lachen. Als ob Danny nicht wüsste, wann ein Kuchen fertig war! Wo die Topflappen waren, hatte sie ihm auch noch zugerufen. Dabei kannte er sich in ihrer Küche genauso gut aus wie sie selber.

Punkt zwölf sperrte sie aufatmend das Pub auf. Normalerweise kam sie am Samstag vor zwölf, um gründlich zu putzen. Da die Gäste jedoch meist erst später eintrafen, konnte sie das nebenher erledigen. Danny brachte den Apfelkuchen und verspeiste mit Genuss das große Stück, das sie ihm abschnitt. Dann verabschiedete er sich, um sich aufs Rad zu schwingen und davonzufahren.

Es war ein wunderbar strahlender Sommertag. Der hartnäckige warme Nebel, der seit Tagen die Landschaft verhüllte, hatte sich endlich gehoben. Colleen hatte genug zu tun, denn der Touristenstrom riss kaum ab. Ihre Lunchkarte musste sie schon vor drei Uhr vom Gehsteig hereinholen, und auch danach kamen viele Gäste, um hinten im Garten Bier, Tee oder Limonade zu trinken.

Danny löste sie pünktlich um fünf ab. Erstaunt musterte ihn Colleen. Er hatte eine steile Falte auf der Stirn und wirkte bedrückt. »Du siehst irgendwie anders aus – ist etwas passiert?« Teilnahmsvoll sah sie ihn an.

»Ja, in gewissem Sinne schon …«

Er wollte nicht so recht mit der Sprache herausrücken, aber als Colleen ihm eine Tasse Tee machte und ihn besorgt anschaute, seufzte er tief.

»Ich fürchte, ich muss weg.«

Ihr Herz sank.

»Wie – weg – was meinst du denn damit?«

»Nach Deutschland«, murmelte er.

Colleen erschrak nun wirklich. Wenn Danny ging … Sie mochte es sich gar nicht vorstellen. Wer würde ihr dann im Garten umgraben helfen, wer mit Orla kochen und ihr Deutsch beibringen, wer mit Brid malen?

»Für eine Zeit wenigstens«, ergänzte er. »Ich komme vielleicht wieder.«

Colleen hatte jedoch ihre Zweifel. Es stellte sich heraus, dass ein langjähriger Angestellter der

Verpackungsfabrik nach einem Herzinfarkt nicht mehr arbeitsfähig war und in Frührente gehen musste. Dannys Mutter hatte ihm die Nachricht gemailt und ihn aufgefordert, nach Hause zu reisen, um dessen Stelle anzutreten. Das klang nicht nach einer vorläufigen Lösung.

»Danny …«, begann sie, bloß fiel ihr nicht ein, wie sie ihn trösten konnte.

»Ich weiß«, meinte er. »Ich will nicht fort. Aber es hilft nichts, diesmal bin ich dran.«

»Kannst du das überhaupt? Seinen Platz übernehmen? Was hat er denn gemacht?«

»Ich habe das Zeug ja studiert. Ob ich es kann, ist damit nicht unbedingt gesagt. Er ist unser Marketing-Spezialist. Ich muss zumindest bleiben, bis sie Ersatz kriegen. Ich werde gleich die Stelle ausschreiben …«

Plötzlich leuchteten Colleens Augen auf. »Danny, wenn sie jemanden finden, wirst du dann wieder herkommen?«

»So einfach ist das nicht. Marketing-Experten gibt es jede Menge, aber die stellen meist komplett überzogene Anforderungen, die so ein kleiner Familienbetrieb nicht erfüllen kann. Es wird schwierig werden.«

Er schaute überrascht auf, als Colleen lachte. »Was ist so komisch?«

»Ich weiß genau die richtige Person für dich!«

»Was willst du damit sagen?«

»Hör zu. Mein jüngster Bruder ist Fachmann für Marketing, und er sucht eine Stelle! Es ist so: Er arbeitet für einen riesigen Möbelhersteller bei

Ludwigshafen. Aber erstens geht ihm dieser Trubel im Großbetrieb auf die Nerven, und zweitens hat er gehört, dass der Sohn vom – wie heißt das? Oberbetriebsrat? –, jedenfalls von einem großen Tier dort sein Studium nächstes Jahr beenden und sich um seinen Posten bewerben wird. Er will eigentlich nicht warten, bis er unter einem Vorwand abgesägt wird. Danny, er hat das studiert und alles. In Deutschland. Er spricht die Sprache fließend. Und er ist gut!«

Sie beobachtete atemlos, wie die Wärme in Dannys schöne braune Augen zurückkehrte. Er stammelte: »Colleen! Das vergess ich dir nie. Wenn das klappen würde –«

»Das klappt! Ich schick ihm sofort eine Mail. Schreib mir die Firmenadresse auf, damit er seine Bewerbung gleich zusammenstellen und absenden kann. Er ist tüchtig, und nett ist er außerdem. Jede Wette, dass deine Eltern mit ihm zufrieden sein werden.«

»Wenn er auch nur ein bisschen Familienähnlichkeit mit dir hat, dann müssen sie ihn wohl mögen.« Er lächelte. »Wir reden morgen früh darüber, ja? Hier ist die Anschrift.« Er notierte Namen und Adresse der Fabrik auf einen Zettel.

Gut, dass die Iren ein geduldiges Volk sind! Sonst hätten sich die zwei Einheimischen an der Theke bestimmt beschwert über die verzögerte Bedienung. Aber jetzt zapfte ihnen Danny dafür bilderbuchreife Pints und zeichnete schwungvoll perfekte Kleeblätter in den Schaum. »Meine Einladung!«, sagte er dazu.

Colleen lächelte, als sie das Lokal verließ. Er hatte also eigentlich vor, zu bleiben. Es fragte sich nur, wie lang. Bis zum Oktober vielleicht. Die Wintermonate waren so trüb und unerfreulich, dass sie ihm kaum gefallen konnten. Sie allerdings mochte die dunkle Jahreszeit gern. Die Hügel färbten sich erst rostbraun und später fast schwarz, sobald die Farnwedel und das Heidekraut verdorrten. Die Tage wurden kürzer, der Wind heftiger und kälter, aber in sonnigen Stunden war es herrlich, draußen zu schaffen. Am schönsten fand sie es, wenn die Gipfel verschneit waren – also nicht wie in den Alpen natürlich, es sah eher aus wie Puderzucker. Sie verrichtete auch die Arbeiten gern, die in ihrem Garten dann noch anfielen. Kohl, Mangold und Lauch konnte sie bis in den Februar hinein ernten. Die leer geräumten Beete wurden nach und nach mit einer dicken Schicht Seetang bedeckt und warteten geduldig auf den Frühling. Und in den Gewächshäusern begann sie schon ab Januar, viele Pflanzen erst einmal in kleinen Töpfchen anzusäen und hochzupäppeln. Sie hatte für dieses Jahr vor, ein paar Wachstumslampen mit Rot- und Blaulicht anzuschaffen, um dadurch die fehlenden Sonnenstunden auszugleichen.

Aber ob das alles einen Maler beeindrucken konnte? Und er hatte schließlich eine Fabrik in Deutschland, die er offensichtlich übernehmen sollte. Viel Lust schien er zwar nicht darauf zu haben, für ewig jedoch wollte er bestimmt nicht von den lächerlichen Einnahmen aus seinen Bildern und von Gelegenheitsjobs leben. Schon gar nicht, wenn er heiratete. Colleen brach diesen Gedankengang energisch ab; er führte in eine Sackgasse.

Gleich nach dem Abendessen schrieb sie ihrem Bruder Paul. Er war nur zwei Jahre älter als sie und stand ihr am nächsten, während sie mit den anderen weniger verband. Sie wanderten bereits aus, als Colleen gerade zehn wurde. Damals war Liam achtzehn und Dermot zwanzig. Sie schilderte die Situation und schickte ihm die Adresse, wohin er die Bewerbung schicken sollte.

Paul antwortete sofort; er hatte wohl selbst eben am Computer gesessen:

Hi Kleine!

Du musst verwandt sein mit unseren irischen guten Feen – ich verdächtige dich ja schon lange. So grüne Augen haben Sterbliche nicht … Im Ernst, das war genau zur rechten Zeit. Ich hab soeben drei Bewerbungen abgeschickt, aber was du vorschlägst, ist besser. Wenn die Leute nett sind, könnte das perfekt für mich sein: Familienbetrieb klingt gut, und da die Marketingabteilung scheinbar bisher von einem älteren Mann geleitet worden ist, sind sie vielleicht mächtig beeindruckt von meinen hochmodernen Kenntnissen (haha!). Bei Bauer & Fincke wird es von Tag zu Tag unerträglicher. Drück mir Daumen, dass das klappt mit Wasserburg!

Mach's gut und grüß Mum und Dad und knuddel die zwei Mädel – wär gern für ein paar Tage bei euch!

Paul

Oh ja, sie drückte ihm die Daumen!

Am Sonntag buchte Danny einen Flug von Cork nach München, am Dienstag flog er ab. Maura lief mit verweinten Augen herum, die Kinder jammerten, und Colleen hätte am liebsten mitgeheult. Zum Glück fand sie keine Zeit dazu. Immerhin hatte ihr Mieter tatsächlich nur eine Reisetasche mitgenommen und seine Malsachen fast alle in seinem Zimmer gelassen. Also musste er wiederkommen! Den Gedanken, er könnte sie per E-Mail bitten, den ganzen Krempel zusammenzupacken und nach Deutschland zu schicken, verdrängte sie; er war allzu deprimierend.

15

Daniels Gedanken drehten sich immer noch im Kreis, als das Flugzeug in München landete. Die letzten Tage in Ballyferriter waren aufreibend gewesen. Er hatte kaum Zeit für sich selbst gehabt, weil die Kinder ihm nicht von der Seite gewichen waren. Das hieß natürlich, dass auch Maura in der Nähe gewesen war. Er wurde nicht so recht schlau aus ihr. Sie schaute ihn manchmal so verschwörerisch an oder lächelte rätselhaft. Dabei hatten sie ja gar keine Geheimnisse miteinander. Jedenfalls nichts außer diesem Kuss, und da war sie beschwipst gewesen. Er hatte sich durchaus wie ein Gentleman betragen und die Sache hinterher mit keiner Silbe erwähnt.

Am Sonntag hatte er – weil Orla so sehr bettelte – noch eine Mehlspeise gekocht: Dampfnudeln mit Vanillesoße. Das Mädchen war wirklich begabt, sowohl beim Kochen als auch mit Sprachen. Sie konnte sämtliche Gerichte, die sie gemeinsam zubereitet hatten, tadellos aufzählen, obwohl Reiberdatschi oder Zwetschgenknödel anspruchsvolle Wörter waren. Er hatte ihr ein paar deutsche Begriffe und Sätze beigebracht, die sie völlig korrekt anwendete. Hoffentlich vergaß sie nicht alles, bis er wiederkam. Und es war auch ein Jammer, dass er Brid nun erst mal keine

Malstunden mehr geben würde. Sie zeichnete Vorlagen detailliert ab, und wenn er sie ermutigte, eigene Skizzen zu entwerfen, zeigte sie einen klaren Sinn für Formen. Mit Farben ging sie souverän um, und es hatte sie begeistert, dass man sie selber mischen konnte.

Der Flieger kam zum Stillstand. Daniel kramte seine Tasche aus der Ablage und wartete geduldig, bis er endlich mit Aussteigen dran war. Wie viele Menschen sich hier drängten! Er eilte mit Riesenschritten zur Passkontrolle, um dem Getümmel zu entgehen. Zum Glück musste er auf keinen Koffer warten, sodass er gleich zum Ausgang konnte.

»Hey, Daniel!«

»Charlie!« Fast hätte er seine Schwester nicht mehr erkannt. Er hatte sie vor vier Jahren zuletzt gesehen, und da war sie noch ein Teenager gewesen. Als er seine Eltern im vorigen Jahr besucht hatte, war sie verreist und vor drei Jahren war sie im Schullandheim. Und jetzt stand eine erwachsene junge Frau vor ihm.

Sie umarmte ihn stürmisch. »Du hast es ja mächtig eilig. Wolltest du an mir vorbeirennen?« Sie lachte herzlich.

»Ich hab niemanden erwartet. Hat Mama dich hergebracht? Wo steckt sie denn?«

Charlotte schwenkte triumphierend ihren Autoschlüssel vor seiner Nase.

»Selbst ist die Frau!«, erklärte sie und fragte dann: »Ist das alles? Wo sind deine Koffer?«

»Ich hab sonst nichts mitgebracht.«

Sie quittierte seine Aussage mit leicht gerunzelter Stirn, ging aber nicht weiter darauf ein. Erst als sie in ihrem kleinen Nissan saßen, meinte sie: »Bist du denn bloß auf der Durchreise? Unsere Altvorderen haben so getönt, als würde der verlorene Sohn endgültig heimkehren.«

»Charlie ... Es ist nicht so einfach.«

»Das klingt spannend. Pass auf: Lass uns heut Abend irgendwo ein Bier trinken, und dabei kannst du mir alles berichten. Jetzt schau ich erst mal, dass ich uns heil nach Haus bringe.«

Er hatte nichts dagegen, die Fahrt schweigend zu genießen. Bayern im Hochsommer gefiel ihm schon auch ziemlich gut. Nur die endlose Blechkarawane auf den Straßen und die Raserei auf der Autobahn störten ihn. Er zählte mit: Bis sie in Wasserburg ankamen, hatte er elf Autofahrer hupen gehört. Das gab es in Irland nicht. Wenn da jemand den Verkehr aufhielt, zum Beispiel durch einen Schwatz mit einem Freund am Straßenrand, wartete man geduldig, bis derjenige fertig war oder man vorbeifahren konnte. Na, vielleicht war Föhn – er kontrollierte die Alpenkette. Ja, die Berge standen dunkelblau und fast drohend am Horizont. Schön!

Als er abends mit Charlotte zum Biergarten ging, war er bedrückt. Natürlich hatte er sich über das Wiedersehen mit seinen Eltern gefreut, aber den Umbau des Hauses am Penzinger See fand er befremdlich. Anstatt in sein altes Zimmer führten sie ihn voller Stolz in eine nagelneue Einliegerwohnung. Sie hatten das Dach aufgestockt und oben zwei komplette Wohnungen eingerichtet. In der einen lebte seine Schwester, und die andere war ganz offensichtlich für ihn bestimmt.

»Stimmt was nicht? Du schaust so traurig drein«, erkundigte sich Charlie.

»Ich will nicht hierbleiben!«, platzte er heraus.

»Was? Wir können auch zum Italiener gehen ...«

»Nein, ich meine, in Deutschland.«

Sie fragte erstaunt: »Wie – jetzt nicht oder überhaupt nicht?«

»Überhaupt nicht.«

»Du kannst dich doch nicht dein ganzes Leben lang einfach nur rumtreiben. Das wäre ... also das wäre ... « Sie hielt inne, weil ihr kein passendes Wort einfiel.

Es brachte ihn zum Lachen. »Unreif? Verwahrlost? Unverantwortlich? Zügellos?«, schlug er vor. Dann fuhr er ernst fort: »Aber ich möchte ja gar nicht mehr von Ort zu Ort ziehen. Ich will in Irland leben.« Fast erschrak er; bisher hatte er eigentlich nur mit dem Gedanken gespielt. Er überprüfte seine kategorische Aussage innerlich noch einmal. Es stimmte jedoch; plötzlich wusste er es ganz klar und sicher.

Sie studierte ihn nachdenklich. »Wie heißt sie denn?«, bohrte sie.

Daniel fuhr zusammen. »Wer?«

»Die Frau. Da muss doch eine Frau im Spiel sein.«

Sie hatte einen scharfen Blick, seine Schwester. Er antwortete leichthin: »Eine? Es sind vier, nicht eine.« Er sah sie vor sich: die blonde langbeinige Maura mit ihrem Grübchen, die kleine Brid, wie sie glückselig mit den Farben experimentierte, Orla, die eifrig jeden seiner Handgriffe beim Kochen verfolgte und Colleen mit der Feuermähne und den grünen Augen …

Charlie gab keine Ruhe, bis er ausführlich erzählte, wie es ihm in Irland ging, wie er dort lebte und warum es ihm so gefiel. Sie hörte aufmerksam zu.

Schließlich lehnte er sich zurück. »Jetzt weißt du alles.«

Sie winkte der Bedienung und bestellte noch zwei Weißbier. »Fast alles«, sagte sie. »Es ist Colleen, stimmt's? Seid ihr euch denn schon einig? Hast du mit ihr geredet?«

Ungeduldig schüttelte er den Kopf. »Du verstehst da was falsch«, fing er an, doch sie lachte bloß.

»Horch, als du mich zum letzten Mal gesehen hast, war ich noch fast ein Kind. Aber inzwischen kenn ich mich aus, und dass du verliebt bist, ist schwer zu übersehen. Also?«

Daniel seufzte. »Sie wird kaum an mir interessiert sein.«

»Wieso? Weil sie Kinder hat? Weil sie geschieden ist oder mit einer fremden Kultur und Sprache aufgewachsen ist? Das ist doch alles Unsinn. Na, vielleicht will sie aus anderen Gründen nichts von dir wissen; es kann durchaus sein. Du musst sie eben fragen, so einfach ist das.«

Er schwieg. Wie war es denn möglich, dass seine kleine Schwester so viel Lebensklugheit entwickelt hatte? Sie hatte völlig recht: Er musste Colleen sagen, wie gern er sie mochte – nein: dass er sie liebte. Die Erkenntnis erschütterte ihn.

»Charlie, du wirkst auf mich heute wie ein Katalysator. Du hast mir geholfen, bei zwei hochwichtigen Entscheidungen herauszufinden, was ich eigentlich will. Jetzt geht's mir viel besser. Sláinte!« Er hob sein Glas.

»Prost! Und unseren Altvorderen musst du natürlich auch reinen Wein einschenken. Darüber, dass du nach Irland auswanderst, meine ich. Sie haben diesmal fest damit gerechnet, dass du bleibst. Du hast ja die Wohnung gesehen; die ist extra für dich geplant und gebaut worden.«

»Ja. Das wird schrecklich.«

»Wahrscheinlich. Trotzdem: Da musst du durch. Natürlich wünschen sie sich, dass du die Fabrik bald übernimmst. Paps ist fünfundsechzig. Ein paar Jahre macht er es noch, sagt er immer, aber bevor er siebzig ist, will er raus aus dem Laden. Und sogar Mama wird ein bisschen müder und langsamer.«

Sie grinsten beide. Ihre Mutter fegte wie ein Wirbelwind durch das Haus und die Firma. Begriffe wie »langsam« und »müde« passten nicht zu ihr.

Daniel wechselte das Thema. »Was macht die Uni? Wann bist du endlich Grundschullehrerin?

Sie zog eine Grimasse. »Wenn's nach mir ginge, nie! Ich finde das Studium ja ganz nett, aber die Vorstellung, Tag für Tag kleinen Kindern das kleine Einmaleins einzutrichtern, verstört mich ziemlich, ehrlich gesagt. Und dann bringt's noch nicht mal ordentlich Kohle ein.«

»Was? Ich dachte, du wolltest unbedingt unterrichten.«

»Früher mal, ja. Und Mama und Paps waren so glücklich über die Idee, eine Lehrerin in der Familie zu haben, dass ich ihnen den Gefallen getan habe.«

»Hm. Was fändest du denn interessant?«

»Wirtschaft! Aber das ist schließlich dein Gebiet, und wenn du die Firma übernimmst –« Sie unterbrach sich und runzelte die Stirn.

Daniel durchfuhr es heiß. Das wäre eine wahrhaft geniale Lösung! Er beugte sich vor. »Charlie, ich werde diesen Laden nicht übernehmen«, sagte er mit fester Stimme.

»Es ist doch dein Erbe.«

»Nein, es ist *unser* Erbe. Das Testament sieht vor, dass ich das Ding kriege und dich auszahle. Weil das vorhandene Kapital im Betrieb bleiben muss, soll die Auszahlung in Form von monatlichen Anteilen stattfinden. Hast du etwa gedacht, ich kriege alles und du nichts, Dummerle?«

Sie zuckte die Schultern. »Keine Ahnung. Hab nie wirklich darüber nachgedacht. – Mensch, bist du auch ganz sicher?«

»Das Testament kenne ich – ach so, du meinst die Firma. Charlie, ich verspreche dir hiermit feierlich, dass ich unsere Familienverpackungsfabrik niemals leiten werde, falls ich es irgendwie vermeiden kann. Sie langweilt mich zu Tode.«

Seine Schwester schaute ihn mit großen Augen an. »Ich find sie spannend, und ich habe da ein paar Ideen zur Modernisierung ... Hey, Dani, du bist selber ein Katalysator! Ich werd gleich morgen Antrag auf einen Studiengangwechsel stellen. Vielleicht krieg ich sogar zwei Semester angerechnet.«

»Sie nennt mich Danny«, sagte er versonnen, woraufhin Charlie übermütig zu singen begann: »Oh Danny boy, the pipes, the pipes are calling ...« Sie winkte ab, als die Leute an den anderen Tischen sich amüsiert nach ihr umdrehten. »Entschuldigung allerseits, ich hör schon wieder auf!«

Das Lied verfolgte Daniel noch im Bett. Colleen hatte es an jenem Morgen geträllert, kurz bevor sie sich kennenlernten. Und vor zwei Tagen, als seine Abreise bereits feststand, wollte er etwas mit ihr besprechen und hatte sie gesucht. Da hatte er sie im Polytunnel dasselbe Lied singen gehört: »But you must go and I must bide ...« Er war umgekehrt und zurück ins Haus gegangen aus Angst, es könne ihr peinlich sein. Aber ein Schauer war über seinen Rücken gerieselt beim Klang ihrer schönen dunklen Stimme.

Am nächsten Tag holte er sein Fahrrad aus der Garage, pumpte die Reifen auf und radelte ins Gewerbegebiet am Leitenfeld hinüber, um sich in der Firma zu zeigen. Er setzte sich auch ganz brav hinter den Schreibtisch des alten Sepp Hintringer, der bisher für das Marketing zuständig gewesen war. Es dauerte eine Weile, bis er verstand, was bisher in der Abteilung passiert war und was es für Pläne und laufende Projekte gab. Er stellte zweierlei fest: Erstens kam Sepp mit seinem Computer offenbar gut zurecht, aber er hatte seit vielen Jahren keine neue Software mehr angeschafft, was schade war. Zweitens langweilte ihn, Daniel, das ganze Zeug immer noch entsetzlich. Er beschloss, am selben Abend mit den Eltern zu reden. Es war höchste Zeit, Klarheit zu schaffen.

Er las Paul McDonnells Bewerbungsunterlagen, die bereits auf seinem Schreibtisch gelandet waren, und fand sie beeindruckend. Allerdings gehörte auf diesem Feld nicht viel dazu, Daniel zu imponieren. Andere Bewerbungen gab es nicht, was ihn kaum verwunderte – die Stelle war schließlich noch gar nicht offiziell ausgeschrieben. Er bestellte Paul zu einem Vorstellungsgespräch am Samstag, falls ihm der Termin passte. Er arbeitete ja bei Bauer & Fincke und wollte vermutlich nicht frei nehmen. Ihm selbst war es egal, wann. Hauptsache, es ging schnell!

Später fuhr er nach Wasserburg und schob sein Rad, was noch immer bei den Eltern gestanden hatte, durch die Straßen. Er liebte diese alte Stadt in der Innschleife und genoss den Bummel. Aber es war ihm viel zu heiß – die Temperaturen lagen weit über dreißig Grad, und nicht einmal nachts hatte es sich abgekühlt. Das war er nicht mehr gewöhnt; er dachte sehnsüchtig an die stetige kühle Brise in Irland. Selbst ein plötzlicher Schauer wäre ihm höchst willkommen gewesen.

Am Abend aß die ganze Familie auf der Veranda. Nach dem Essen entkorkte Herr Winter eine Flasche Champagner, füllte Kristallgläser mit dem perlenden Getränk und sagte: »Auf deine Heimkehr, mein Junge. Wir freuen uns, dass du endlich hier bist.«

Sie stießen feierlich an und tranken. Daniel wechselte einen Blick mit seiner Schwester. Es war so weit. Er räusperte sich. »Ich bin allerdings nur vorübergehend in Deutschland.«

Sie schauten ihn überrascht und betroffen an. Bevor jemand etwas sagen konnte, fuhr er fort: »Ich will mein Leben in Irland verbringen, dort, wo ich die letzten paar Monate gewesen bin. Und noch etwas will ich loswerden: Es tut mir wirklich von Herzen leid, wenn euch das enttäuscht, aber ich werde den Betrieb nicht übernehmen. Ich kann einfach nichts damit anfangen; das weiß ich seit Ewigkeiten. Ich ... ich hätt es euch längst sagen müssen.«

Seine Mutter starrte ihn fassungslos und stumm an, der Vater wiegte den Kopf. Er war es, der zuerst Worte fand. »Eigentlich habe ich etwas in der Art schon lang vermutet ... Aber wie soll das denn nun hier weitergehen? Wovon willst du leben? Und vor allem, wer führt die Firma fort? Mein Vater hat sie vor fünfzig Jahren gegründet, und ich hab sie mit ihm – und später mit deiner Mutter – zusammen aufgebaut ...« Er war sichtlich erschüttert.

Da mischte sich Charlie ein. »Also, wenn's euch nichts ausmacht, ich würde die Firma sehr gern übernehmen. Ich dachte nur immer, dass Dani eines Tages Wert darauf legt, deswegen hab ich nie was gesagt. Der Lehrberuf liegt mir nicht besonders, denk ich. Aber Wirtschaft interessiert mich brennend. Ich werde den Studiengang wechseln, und in spätestens drei Jahren hast du deine Nachfolgerin neben dir in der Fabrik, Paps. Dann kannst du dich zur Ruhe setzen.« Jetzt rissen die Eltern völlig schockiert die Augen auf. Charlie grinste breit und fügte noch hinzu: »Ich behalt auch meinen eigenen Namen, falls ich mal heirate, damit wir das Firmenschild nicht ändern müssen.«

Das gab der Unterhaltung wieder etwas mehr Leichtigkeit. Frau Winter brauchte lang, um sich an den Gedanken zu gewöhnen. Ihr Plan war seit seiner Geburt gewesen, dem Sohn eines Tages das Unternehmen zu übergeben. Dass ihre Tochter, die sich noch nie zu dem Thema geäußert hatte, plötzlich behauptete, sie wolle Firmenchefin werden, brachte momentan ihr Weltbild ins Wanken. Irgendwann jedoch war sie Feuer und Flamme. Sie fand es großartig, in Zukunft eine Frau an der Spitze des Betriebs zu sehen.

Am Ende stellte Daniel fest: »Es ist wirklich unverzeihlich, dass ich das bisher immerzu verdrängt habe. Mit meiner Verzögerungstaktik hab ich euch alle daran gehindert, über die Sache ernsthaft nachzudenken. Hätte ich mich gleich anfangs geweigert, Betriebswirtschaft zu studieren, dann wärt ihr bestimmt längst auf diese Lösung gekommen. Es tut mir aufrichtig leid – ich weiche Aussprachen offenbar gern aus …«

Er zwinkerte Charlie zu, die trocken feststellte: »Na, mit sieben hätten sie mich auf der Uni auch noch nicht brauchen können. Ich hab also bloß zwei Semester auf der falschen Fakultät verbummelt. Aber du hast dreizehn Jahre verplempert; das solltest du tatsächlich bedauern.«

»Ich hab keinen Augenblick vergeudet, sondern jede Menge wichtige Erfahrungen gemacht. Die möcht ich nicht missen.«

Seine Mutter machte sich jedoch weiterhin Sorgen um ihn. Dass er als Maler kaum reich werden konnte, war klar. Ob er nicht doch eines Tages reuig in die Familienfirma zurückkriechen würde?

Daniel lachte. »Nein, Mama, bestimmt nicht. Seit ich das Thema nun endlich geklärt habe, fühl ich mich von einer tonnenschweren Last befreit. Mir geht's wie dem Hans im Glück aus dem Märchen, als der am Schluss all seine überflüssigen Besitztümer los ist. Und in Irland brauch ich wenig Geld. Ich kann in der Bar täglich siebzig Euro verdienen. Das reicht mir allemal. Und meine Bilder gehen während der Saison weg wie warme Semmeln.«

»Hast du denn eine Menge gemalt?«, wollte sein Vater nun wissen.

»An die dreißig Gemälde – und viele davon sind richtig gut.«

»Ha!« Frau Winter fuhr auf. Jetzt hatte sie sich mit den geänderten Umständen abgefunden und war wieder ihr energisches Selbst. »Erinnerst du dich an meine Freundin Gabi?«

Freilich erinnerte er sich. Wer könnte die elegante Frau vergessen, die aussah wie eine jüngere Zarah Leander und auch so sprach? »Raucht sie immer noch mit einer Zigarettenspitze?«, erkundigte er sich.

»Sie hat längst aufgehört zu rauchen. Aber sie leitet seit fünf Jahren eine renommierte kleine Galerie mitten in der Stadt. Neulich hat sie gejammert wegen – wartet, ich ruf sie sofort an.«

Es stellte sich heraus, dass Gabi Börner für Ende Oktober eine Ausstellung mit einem Bildhauer und zwei Malerinnen geplant hatte. Die eine jedoch war Mitte Juli nach Griechenland gereist und dortgeblieben. Sie reagierte weder auf E-Mails noch auf Nachrichten auf der Mobilbox. Das hieß, dass nur ein Teil der Ausstellungsfläche genutzt werden würde, die Galeristin suchte dringend Ersatz. Natürlich wollte sie die Gemälde sehen, bevor sie sich festlegte. Daniel, dem die Mutter das Telefon reichte, bot an, ihr morgen die Bilder auf dem Laptop zu zeigen, was sie gern annahm.

Eins hatte er ganz vergessen. »Ach, am Samstag stellt sich übrigens ein Marketing-Fachmann vor, der sich bei uns beworben hat«, teilte er den Eltern mit.

»Wie? Davon weiß ich ja gar nichts. Wie kommt er denn darauf, dass wir jemanden suchen?« Herr Winter war verdutzt.

Daniel erklärte die Situation. »Der kann dann gleich die schöne Wohnung mieten, die ihr mir gebaut habt«, schlug er vor.

Das ging jedoch allen Beteiligten zu schnell. Erst wollten sie den Mann sehen und kennenlernen, und danach konnte man eventuell weiterreden.

Am Donnerstag führte Danny in der Galerie Fotos von seinen Bildern vor. Gabi Börner war sehr angetan. »Wann kann ich die Gemälde haben? Ich muss sie ja rahmen lassen, das dauert seine Zeit. Ich arbeite immer gern mit genug Zeitpuffer für Notfälle, verstehen Sie?«

Daniel dachte wehmütig an Ballyferriter und Dingle, wo einen sogar hochrangige Polizisten und der Bankchef mit dem Vornamen ansprachen. »Ich lasse sie sofort herschicken, dann sollten sie Ende nächster Woche da sein. Ist Ihnen das recht?«

Ja, das passte. Die Galeristin musterte ihn prüfend. »Ich mache Ihnen ein Angebot, weil Sie der Sohn von Cornelia sind, und weil Sie als Retter in der Not kommen. Sie behalten das aber für sich, ja? Normalerweise zahlt natürlich der Künstler für den Ausstellungsraum, und ich erhalte 25 Prozent. In diesem Fall schlage ich vor, wir teilen den Erlös von verkauften Stücken 60 zu 40, abzüglich der Rahmen. Sie kriegen also 60 Prozent von jedem verkauften Bild. Sind Sie damit einverstanden?«

Daniel war überglücklich; er hatte bereits gegrübelt, wie er die Galeriemiete auftreiben sollte. Er bestimmte noch, dass Frau Börner die Preise festlegen sollte. Erstens hatte sie mehr Erfahrung, und zweitens würde sie in ihrem eigenen Interesse darauf achten, möglichst viel zu verlangen.

Er setzte sich in das nächste Straßencafé, bestellte ein Weißbier und schrieb eine E-Mail.

Liebe Colleen,

würdest du bitte sämtliche Bilder aus meinem Zimmer zusammenpacken und noch vor dem Wochenende nach Deutschland abschicken? Ich weiß, dass das eine Zumutung ist, aber ich brauche sie ganz dringend hier, und es wäre mir eine große Hilfe. Vielleicht könntest du die Auslagen zunächst von den drei Wochenmieten bezahlen, die ich dir im Voraus gegeben habe.

Wie steht's ansonsten? Wächst das Gras ordentlich? Ich drück Dir die Daumen für den zweiten Schnitt.

Hier ist es grässlich heiß. Ich sehne mich nach der grünen Insel ... Morgen Abend treffe ich Paul; ich bin schon sehr gespannt auf ihn.

Danny

Nach dir sehne ich mich auch, fügte er in Gedanken hinzu, als er den Brief mit einem Klick abschickte.

Paul war ein richtiger Bilderbuch-Ire, wie sich am Freitag herausstellte. Er hatte rotes Haar, lustige blaue Augen und jede Menge Sommersprossen auf der Nase. Daniel hatte per Mail mit ihm ausgemacht, sich schon am Vorabend des Vorstellungstermins in Wasserburg zu treffen. Der Mann reiste ohnehin lieber am Freitag an und war neugierig auf diesen Maler, der bei seiner Schwester zur Untermiete wohnte. Daniel seinerseits wollte Colleens Bruder gern ein bisschen ausfragen.

So saßen sie also um halb neun an einem Tischchen vor der Pizzeria. Es war nach wie vor unerträglich heiß; in geschlossenen Räumen mochte man sich gar nicht aufhalten. Daniel bewies seine Kenntnisse der irischen Etikette, indem er die Unterhaltung mit einer ausgiebigen Besprechung des Wetters begann. Die beiden Männer stellten rasch fest, dass sie sich prima verstanden, und bald redeten sie so vertraut, als wären sie seit Jahren miteinander befreundet.

Erst musste Daniel berichten, wie es in Ballyferriter allen ging. Das beschränkte sich nicht etwa nur auf die Familie, sondern Paul fragte auch nach anderen Bekannten. Viele davon hatte der Barmann im Pub bedient, sodass er Auskunft geben konnte. Die zwei Männer tauschten Anekdoten über Tom Murphy, die Musiker und Colleens Freundinnen aus, und Daniel erfuhr mancherlei über seine Stammgäste. Schließlich wollte Paul wissen, ob interessante Frauen – er untermalte das mit vielsagenden Handbewegungen – zugezogen waren. Daniel lachte in sich hinein und schilderte nun ausführlich, wie Maura aussah und wie im Pub alle die Köpfe nach ihr drehten, was Paul mit einem anerkennenden leisen Pfiff und einem Zwinkern quittierte.

»Ich fühl mich mit ihr ein bisschen unbehaglich«, gestand der Maler. Natürlich musste er nun erklären, wieso. »Tja, vielleicht, weil sie mich so viel gekostet hat«, lachte er. »Ich war einen Abend mit ihr in Dingle, wo wir verschiedene Kneipen und die Disco besucht haben. Entsprechend hoch war der Alkoholkonsum, und sie hat mit edler Selbstverständlichkeit jedes Mal mich zahlen lassen. Das Taxi übrigens auch, und später unseren Ausflug zum Delfin. An diesen zwei Tagen hab ich mehr ausgegeben, als ich in der gleichen Zeit verdiene ...«

»Das ist bei irischen Mädchen so. Wenn man mit ihnen ausgeht, ist man eben die Kasse«, erklärte Paul.

»Wir sind ja nicht ausgegangen, sondern haben bloß ein paar Bier getrunken. Ich hab es nur angeboten, weil sie sich allein gescheut hat.«

»War sie aufgebrezelt? Ich meine, hatte sie sich zurechtgemacht?«

»Oh ja, definitiv!« Daniel grinste, als er an die hohen Sandalen und den kurzen Rock dachte.

»Dann hat sie es eindeutig als Verabredung, als gemeinsames Ausgehen gesehen. Gib acht: In Amerika ist man nach drei solchen Dates so gut wie verlobt.« Paul amüsierte sich über Daniels erschrockenes Gesicht. »Na, das ist vielleicht übertrieben. – Aber du schaust so schockiert drein. Ist denn sonst noch etwas passiert? Ich meine, habt ihr ... na, du weißt schon?«

»Natürlich nicht! Das heißt, ein Kuss.« Der Maler schüttelte den Kopf. »Das war aber bloß, weil sie so angeheitert war. Ich hab's hinterher einfach nicht mehr erwähnt.«

Jetzt wurde Paul ernst. »Danny, du musst mit ihr reden. Also, jedenfalls, wenn du keine weiteren Absichten in dieser Richtung hast.«

»Absolut nicht! Sie ist ja blutjung, kaum älter als meine kleine Schwester.«

Der Ire beugte sich über den Tisch. »Du musst das mit ihr besprechen«, wiederholte er. »Es sieht mir ganz danach aus, als wäre sie in dich verschossen, und höchstwahrscheinlich geht sie davon aus, dass das auf Gegenseitigkeit beruht. Red mit ihr, Danny.«

Konnte das so sein? Daniel ließ verschiedene Ereignisse vor seinem inneren Auge Revue passieren. Maura schwer an seinem Arm hängend auf dem Heimweg vom Pub – wie oft war das denn gewesen? Drei-, viermal? Die Tanzerei in der Disco, wo sie sich eng an ihn geschmiegt hatte, ihr plötzlicher Kuss, den er sich mit einem Schwips erklärt hatte, die vielen Tassen Tee, die sie ihm brachte, wenn er nachmittags in seinem Zimmer arbeitete, der Spaziergang, zu dem sie ihn überredet hatte, die Abende, die sie im Pub an der Theke verbrachte und wartete, bis er zusperren konnte, ihre bewundernden Blicke ... Er merkte, wie er rot anlief.

Paul war still geworden. Jetzt nickte er. »Ich hab richtig vermutet, stimmt's?«

»Wahrscheinlich. Meine Güte, und ich hab nie was gemerkt ... Das arme Mädel!« Er hatte sich also Maura gegenüber nicht wie ein Gentleman betragen, sondern wie ein Vollidiot, dachte Danny. Was für ein Glück, dass Colleens Bruder ihm die Augen geöffnet hatte! Was war nur mit ihm los? Innerhalb von drei Tagen hatte er hier in Wasserburg mehr über sich und seine Gefühle erfahren als in den Jahren zuvor. Und jedes Mal musste ihm jemand auf die Sprünge helfen, erst seine

Schwester und nun Paul. Er nahm sich vor, ab jetzt die Augen selbst offen zu halten und seine Angelegenheiten ab sofort energisch zu regeln.

Aber er freute sich nicht auf die fällige Auseinandersetzung mit Maura.

16

Colleen war schlecht gelaunt, was selten vorkam. Sie war ständig unzufrieden, nörgelte an allem herum und schnauzte ein paarmal sogar die Kinder an. Einmal fing sie im Pub einen erstaunten Blick von Tom Murphy auf, als sie das Bierglas vor einem Gast grantig auf die Theke knallte, anstatt freundlich zu lächeln. Sie riss sich zusammen.

Eine Weile später brachte Tom ihr eine Tasse Tee. »Hier, trink, Colleen. Du siehst aus, als könntest du eine Erfrischung brauchen. Ist daheim alles okay? Kinder gesund?«

»Danke, Tom. Alles ist in bester Ordnung. Ich weiß nicht, was mit mir los ist. Ich reg mich über Dinge auf, die ich sonst belächeln würde.«

Der Wirt studierte sie nachdenklich. »Na, du hast ja auch ziemlich viel um die Ohren. Vielleicht bist du einfach überarbeitet.« Als Colleen mit den Schultern zuckte, erkundigte er sich: »Ist Maura noch bei dir? Die hab ich ewig nicht mehr gesehen.«

»Seit Dannys Abreise ist sie mächtig häuslich geworden … Aber, ja, sie ist schon noch da.« Colleen schämte sich wegen ihrer boshaften Bemerkung und fügte hinzu: »Sie schreibt jeden Abend fleißig an ihrer Diplomarbeit.«

Dann widmete sie sich wieder den durstigen Gästen. Die Unterhaltung ging ihr jedoch nicht aus dem Kopf. Wenn ihre miese Stimmung bereits ihren Freunden auffiel, musste sie wirklich etwas dagegen unternehmen. Sie rief am nächsten Morgen Sorcha an.

»He, Colleen! Von dir hört man ja gar nichts mehr«, begrüßte die Freundin sie.

»Ja, tut mir leid. Es ist ziemlich hektisch gewesen. Aber ich denke, ich brauche jetzt mal einen Spaß-Abend. Wie steht's mit dir?«

»Oh! Das klingt wunderbar. Lass uns am Freitag Dingle unsicher machen. Vorher vielleicht im Fischlokal essen gehen?«

»Siehst du, ich hab immer gewusst, dass du ein helles Köpfchen bist. Mir geht es schon viel besser. Ich sag gleich Linda Bescheid und bestelle uns einen Tisch. Bis dann!«

Als die drei Frauen vor ihren Vorspeisen saßen, sagte Linda: »Du siehst irgendwie ungewohnt aus, Colleen. Was ist los mit dir?«

Colleen grinste schief. »Meinst du, ich schaue grantig aus?«

»Hm, ja. Verdrossen. So kennt man dich gar nicht.«

»Zu viel Arbeit …«

Sorcha mischte sich ein. »Nun red dich nicht damit raus. Du führst schon immer ein hektisches Leben und strahlst trotzdem sonst immer, als hättest du gerade Johnny Depp getroffen. Da muss was anderes dahinterstecken.«

»Ich wüsste nichts.«

»Na, wir kriegen es bald raus, wart nur ab. Ist die flotte Studentin noch bei dir?«

»Maura? Klar, solange Ferien sind.« Beide Freundinnen bemerkten den Schatten, der über Colleens Gesicht zog.

»Aha.«

»Was meinst du damit – *aha!* Was soll denn das bedeuten?« Colleen klang gereizt.

»Langsam, langsam, mein Kind. Nur mit der Ruhe. Ich glaube, die gute Maura hat etwas mit deiner Laune zu tun.« Als Colleen verärgert den Kopf schüttelte, lachte Linda. »Siehst du, schon regst du dich auf. Also habe ich recht.«

»Hat sie dir deinen Maler abspenstig gemacht?«, forschte Sorcha.

»Pah, so ein Unsinn! Erstens ist das nicht *mein* Maler, und außerdem ist er sowieso weg.«

»Ja, aber er kommt doch wieder, oder? Hat er nicht seine Bilder und alles Mögliche dagelassen?«

Colleen legte den Löffel weg. Plötzlich schmeckte ihr die köstliche Fischsuppe nicht mehr.

»Die Bilder musste ich ihm schon nach ein paar Tagen nachschicken«, sagte sie. Sie spürte wieder das bedrückende Gefühl der Hilflosigkeit, das sie überfallen hatte, sobald sie seine E-Mail in ihrem Posteingang entdeckt hatte. Sie hatte sofort gewusst, dass es schlechte Nachrichten waren, noch bevor sie die kurzen Zeilen gelesen hatte. Für sie stand fest, dass er in Deutschland bleiben wollte. Es war ja auch völlig verständlich: Dort erwartete ihn eine lukrative Karriere in seiner eigenen Fabrik, und seine Eltern waren sicher heilfroh, dass er endlich heimgekehrt war. Sie konnte daran nichts ändern, und so hatte sie eben seine Sachen zusammengepackt und zur Post gebracht.

Sie berichtete ihren Freundinnen kurz von diesen Ereignissen. Linda hakte nach: »Er wollte also die Gemälde haben. Was ist mit dem anderen Zeug?« Als sie erfuhr, dass Paletten, Farben, Pinsel und die Staffelei weiterhin in seinem Zimmer waren, wiegte sie den Kopf. »Ich finde, das zeigt deutlich, dass er zurückkommen will. Er hat es doch auch versprochen, nicht?«

»Was heißt da versprochen? Er hat mich gebeten, das Zimmer für ihn frei zu halten, weil er wieder da wohnen möchte.«

»Na also!«

Auch Sorcha meinte, der Maler würde nicht in Deutschland bleiben. »Ich hab mich einmal lang im Pub mit ihm unterhalten. Da hat er betont, wie viel angenehmer und friedlicher er das Leben in Ballyferriter findet. Er hat sogar gesagt, dass es sich für ihn wie Heimat anfühlt, obwohl er erst ein paar Monate hier gelebt hat. Und ich glaube auch nicht, dass er dich einfach im Stich lässt.«

»Also bitte, er hat schließlich keinerlei Verpflichtung mir gegenüber«, wehrte Colleen ab.

»Vielleicht keine Verpflichtung, aber eine Schwäche«, murmelte Sorcha. Als Colleen sie mit großen Augen ansah, zwinkerte sie. »Sag bloß, du hast nicht mal gemerkt, wie er dich verehrt?«

»Unsinn! Er ist eben ein freundlicher Mensch, das ist alles.«

»Immer, wenn wir zusammen im Pub waren, hat er dich kaum aus dem Blick gelassen. Wenn du ihn angeschaut hast, hat er jedes Mal gestrahlt. Und wie oft hat er dich gemalt? Glaub mir, Colleen, dieser Mann betet dich an.«

»Maura hat er auch gemalt.« Der Satz entfuhr Colleen ohne ihren Willen. Verlegen griff sie wieder zum Löffel.

Linda lächelte und nickte Sorcha zu. »Ich denke, wir kommen der Wurzel deiner schlechten Laune näher. Du bist einfach eifersüchtig.«

Empört wedelte Colleen mit der Hand in der Luft herum. »Du glaubst doch wohl nicht im Ernst, dass ich auf so ein junges Mädel eifersüchtig sein könnte? Und weswegen überhaupt?«

»Ganz einfach: Weil du in Danny verliebt bist.«

Sorcha blickte auf und rief: »Uh – schaut mal, was da kommt! Mein Heilbutt und eure Fische. Lassen wir das Thema ruhen bis nach dem Essen, okay? Auf diese Leckerbissen sollte man sich konzentrieren.«

Colleen hatte nichts dagegen. Trotzdem schmeckte sie wenig von ihrem gegrillten Lachs und den feinen Beilagen. Die Erkenntnis, dass Linda recht hatte, schockierte sie. Nach ihrer Trennung von Bill hatte sie keinerlei Interesse mehr an Männern gehabt. Sie war völlig sicher gewesen, dass sie nie wieder einem ihr Vertrauen schenken könnte. Mit Danny allerdings war das vom ersten Augenblick an anders gelaufen. Auf ihn hatte sie sich bereits nach kurzer Zeit blind verlassen. Und er hatte ihr Leben und das ihrer Kinder positiv bereichert, das stand fest. Sie wünschte sich, dass er bei ihr blieb, das konnte sie sich ebenfalls eingestehen. Aber *verliebt*? Sie erinnerte sich an das warme Gefühl, als er sie in den Arm genommen und getröstet hatte. Da hatte sie Geborgenheit empfunden und … ja, auch Schmetterlinge im Bauch gespürt. Dieses seltsame Ziehen … Tatsächlich, sie spürte es sogar jetzt, wenn sie bloß an ihn dachte.

Verliebt also.

Und die furchtbare Traurigkeit, die sie überfallen hatte, als sie ungewollt den Kuss zwischen den beiden beobachtet hatte? Die fast greifbare Abneigung, die sie beim Anblick von Maura immer bekämpfen musste? Linda hatte recht: Das war ganz eindeutig Eifersucht. Sie fühlte sich schon viel besser – eine klare Diagnose ist der erste Schritt zur Heilung. Was für ein Glück, so kluge Freundinnen zu haben. Plötzlich lachte Colleen laut auf.

»He, ihr zwei, ich glaube, ihr habt das Problem genau erkannt. Herzlichen Dank für die Beratung!«

Später steckten sie die Köpfe im Hinterzimmer von Dick Mack's Pub zusammen. Sie mussten ja noch diskutieren, ob Maura eine echte oder eine eingebildete Gefahr darstellte.

»Dass er sie gemalt hat, sagt gar nichts«, meinte Sorcha. »Schließlich ist er nicht blind, und sie gibt optisch schon was her.«

»Aber er hat sie geküsst!«

Sie stritten eine Weile darüber, wie bedeutungsvoll das wohl war. Zuletzt entschied Linda: »Also gut, lassen wir das jetzt mal. Hast du denn seither noch öfter etwas dergleichen beobachtet?«

Colleen musste zugeben, dass das nicht der Fall gewesen war. »Bloß bin ich ja ab mittags im Pub. Wer weiß, was da los war. Allerdings hat Danny in der letzten Zeit vormittags in seinem Zimmer gemalt und ist immer erst zu seinen Ausflügen und Erkundungen losgeradelt, kurz bevor ich losgefahren bin.«

»Grad so, als wollte er vermeiden, mit Maura allein zu sein?«

»Vielleicht.«

Sorcha sagte: »Wenn sie abends in der Bar auftauchte, hat er jedenfalls oft gewirkt, als hätte er Fluchtgedanken. Ich war ein paarmal dort. Sie hockte an der Theke, und Danny gab sich alle Mühe, am anderen Ende des Tresens zu sein.« Als die zwei Frauen lachten, setzte sie hinzu: »Doch, bestimmt. Also, ich denke wirklich nicht, dass er Wert auf ihre Gegenwart legt. Sie himmelt ihn schon an, das kann man kaum übersehen. Aber auf Gegenseitigkeit beruht das nicht.«

Colleen dachte nach. Sorchas Beobachtungen stimmten mit dem überein, was sie daheim erlebte. Sie hatte es bloß nicht logisch analysiert. Kein Wunder: Sie war sich ja nicht einmal über ihre eigenen Gefühle klar geworden, sondern hatte alles verdrängt. Es war nicht weiter erstaunlich, wenn solch dumpfes Hinnehmen in schlechter Laune resultierte.

»Du solltest ihn fragen, was es mit Maura auf sich hat«, schlug Linda vor.

»Er ist ja gar nicht da.«

»Wetten wir? Ich sage, er kommt noch vor dem Herbst zurück. Eine Runde Drinks.«

Sorcha hielt mit, Colleen setzte dagegen und lachte. »Soll ich euch was sagen? Diese Wette würde ich gern verlieren.«

Sie beendeten den Abend im Hafenpub, wo Musik spielte. Der Wirt war ja ein Freund von Colleens Vater und begrüßte sie freudig.

»Singst du uns ein Lied?«, bat er.

Da sich mehrere Leute dem Wunsch anschlossen, stand sie auf, schloss die Augen, nachdem sie ihren Freundinnen zugezwinkert hatte, und sang:

»Oh Danny boy …«

Im Lokal wurde es mucksmäuschenstill, allein ihre schöne dunkle Stimme füllte den Raum.

Als sie geendet hatte und zu ihren Freundinnen gehen wollte, wurde sie von einer älteren Dame umarmt. Tränenüberströmt gestand ihr diese, sie sei Amerikanerin und ihr verstorbener Gatte hätte das Lied immer gesungen. Da die Iren jedoch traurige Stimmungen zwar gern zulassen, aber doch lieber fröhlich sind, spielten die Musiker nun einen flotten *Jig*. Sorcha packte einen Mann, der an der Theke lehnte, und zog ihn auf die kleine Tanzfläche. Colleen tanzte gleich mit der Amerikanerin, und bald wurde es richtig lustig. Die drei Freundinnen kamen erst nach zwei in ihre Betten.

Samstag war immer ein hektischer Tag. Colleen gönnte sich nur ein rasches Frühstück, bevor sie mit der Erntearbeit anfing. Diesmal war sie ganz allein. Maura war für das Wochenende nach Cork gefahren, um nach einer Studentenbude zu suchen, die Kinder weilten noch bei Oma und Opa, und Danny fehlte ja leider auch. Sie hatte jedoch gar nichts dagegen, allein zu sein. So konnte sie ungestört über ihren Maler nachdenken. Hoffentlich kam er wirklich wieder! Hoffentlich kam er *bald* wieder! Hoffentlich, ja hoffentlich hatten ihre Freundinnen recht!

Erst am Abend, nachdem sie Orla und Brid ins Bett gebracht hatte, setzte sie sich an den Computer. Sie hatte beschlossen, ihm zu schreiben und nachzufragen, wie es mit der Bewerbung ihres Bruders stand. Im Posteingang waren fünf Mails. Sie überflog die Absender, und ihr Herz machte einen Sprung: Danny hatte geschrieben!

Bitte, lieber Gott, keine schlechten Nachrichten, flehte sie stumm, während sie die Mail öffnete.

Hallo Colleen,

bitte sei mir nicht bös, weil ich mich so lang nicht gemeldet habe. Hier war allerhand los. Ich berichte alles ausführlich, wenn ich zurück bin, jetzt nur die wichtigsten Punkte: Paul ist bei uns angestellt, und er fängt schon am ersten September an! Er ist mächtig froh darüber, sagt er. Ich bin noch viel froher! Und ich hab meinen Eltern endlich gesagt, dass ich die blöde Firma nicht haben will. Und tausend Dank für die Bilder; die Pakete sind gestern gut angekommen. Sie werden bald in einer Sonderausstellung gezeigt.

Ich muss jetzt aufhören – hier ist es schrecklich hektisch –, aber ich hab meinen Flug nach Cork für nächsten Dienstag gebucht, dann bin ich am Mittwoch in Ballyferriter und kann dir alles erzählen.

Ich freu mich sehr auf die grüne Insel (hier ist es auch viel zu heiß!), und auf dich!

Liebe Grüße an Orla und Brid!

Danny

Sie musste die Zeilen dreimal lesen, bis sie wirklich glauben konnte, was da stand. Er kam, schon am Mittwoch! Ihr Bruder hatte einen neuen Job, und Danny hatte eine Ausstellung für seine Bilder.

Sie fand auch eine Mail von Paul.

Hi Kleine,

das hat wunderbar geklappt! Ich wollte dir schon letztes Wochenende Bescheid geben, aber es war zu viel zu erledigen. Danny ist ja ganz ein Netter! Den solltest du dir warmhalten! Seine Eltern sind auch schwer in Ordnung, sie haben mir sogar ein Appartement bei ihnen im Haus angeboten. Das passt mir natürlich prima. Die Bezahlung fällt etwas geringer aus als das, was ich momentan verdiene, aber dafür kostet die Wohnung fast nichts. Ich bin dir was schuldig für die Vermittlung, schreib es dir gut! Dankeschön, Schwesterlein!

Grüße an alle von eurem

Paul

Colleen wurde ganz leicht ums Herz, sie legte Musik auf und tanzte, bis sie schweißgebadet und völlig außer Atem war. Dann duschte sie und ging ins Bett. Erstmals seit Wochen fiel sie sofort in einen erholsamen Schlaf.

17

Daniel kam mit dem ersten Bus nach Dingle. Nach seinem Flug hatte er zwar noch einen Anschlussbus bis Tralee erwischt, aber dort musste er wohl oder übel in einem Hostel übernachten.

Nun stand er wie schon einmal in dem kleinen Hafenstädtchen und sah sich um. Anders als damals jedoch wusste er diesmal sehr genau, wohin er wollte. Er wartete auch nicht auf den Bus, sondern versuchte es per Autostopp. Es dauerte fast eine halbe Stunde, bis endlich ein Wagen hielt. Um diese Tageszeit waren die Straßen voll mit eifrigen Touristen auf der Suche nach Sehenswürdigkeiten, und die nahmen selten Anhalter mit. Daniel lachte in sich hinein; er hatte Verständnis dafür, wenn er bedachte, wo die Leute herkamen. In Amerika käme er selbst bestimmt nicht auf die Idee, zu trampen, geschweige denn, einen Fremden in sein Auto zu lassen. Auch in den europäischen Ländern war es riskant. Hier aber gab es viele Menschen, die ohne Fahrzeug lebten, und da die Entfernungen groß und die öffentlichen Verkehrsmittel spärlich waren, hatten die meisten Einheimischen ein Herz für Anhalter. Heute nahm ihn ein Farmer aus Ballyferriter mit, für den er schon oft ein Pint gezapft hatte.

Noch vor elf kam er oben beim Haus an. Die erste, die ihn entdeckte, war Brid. Mit einem Jubelschrei ließ sie ihr Erdbeerkörbchen fallen und raste ihm entgegen. Er stellte die schwere Tasche ab, öffnete die Arme weit und fing das kleine Mädchen auf, um es durch die Luft zu wirbeln.

Orla schoss aus dem Polytunnel, um zu sehen, was los war. Sie reagierte etwas weniger impulsiv, aber auch sie rannte zu Daniel, um ihn zu umarmen. »Fein, dass du wieder da bist! Kochen wir heute?«, sprudelte sie heraus.

Daniel lachte. »Stimmt, es ist ja Mittwoch. Also, dann machen wir Reisauflauf mit Birnen. Einverstanden?«

Entzückt murmelte Orla das neue Gericht vor sich hin, während Brid an seiner Jacke zupfte und bettelte: »Und morgen malen wir, ja?«

Er nickte bloß und fuhr ihr durch den roten Haarschopf, denn jetzt tauchte Colleen auf. Sie blieb stehen und strich sich eine Haarsträhne aus dem Gesicht. Daniel schnappte nach Luft. Sie sah umwerfend aus in ihrer halblangen dunkelgrünen Hose und dem losen roten Shirt. Er machte sich von der Umklammerung der Kinder frei, ging langsam zu ihr hinüber und drückte sie an sich. Das war leicht. Viel schwieriger war es, sie hinterher loszulassen …

»Colleen. Ich bin so froh, wieder hier zu sein!«

Sie war etwas verwirrt, aber ihre grünen Augen blitzten. »Ich freu mich auch«, erwiderte sie einfach und lächelte.

Inzwischen war auch die Studentin aus dem Haus getreten. Sie lehnte am Türrahmen und wartete auf ihn. Daniel ging zu ihr und schloss sie kurz in die Arme. »Hallo Maura«, grüßte er sie.

Sie schenkte ihm ein Grübchenlächeln, nickte ihm bedeutungsvoll zu und sagte leise: »Schön, dich wiederzuhaben.«

Doch, Paul hatte eindeutig recht gehabt: Die junge Frau sah sich in der Rolle der heimlichen Geliebten. Jetzt fiel es ihm auch auf. Er musste so bald wie möglich mit ihr reden. Er drehte sich zu den Kindern um und rief: »Ich hab euch was mitgebracht.«

Sie gaben keine Ruhe, bis er noch auf dem Hof in seiner Tasche wühlte. Für Brid hatte er einen stabilen Zeichenblock, Acrylfarben und ein paar Pinsel gekauft, für Orla ein kleines Nudelholz, einen Kochlöffel und ein Kochbuch für Kinder. Es war natürlich in deutscher Sprache verfasst, aber da der Text knapp gehalten und detailliert illustriert war, war er sicher, Orla würde damit fertigwerden. Sie begann auch sofort, interessiert darin zu blättern.

Nun durfte er endlich das Haus betreten. Zufrieden packte er seine Reisetasche aus.

Um drei stand er wieder einmal vor dem alten Normannenturm. Er hatte Maura einen Zettel an ihre Zimmertür geklebt. Über die Formulierung hatte er lang gegrübelt. Er wollte ihr nicht unnötig Hoffnungen machen – wie leicht konnte sie denken, er würde ihr seine Liebe gestehen wollen?

… denn ich habe schlechte Nachrichten für dich …?

… es ist aber nichts Gutes …?

… freu dich aber nicht darauf …?

Schließlich verwarf er all diese Möglichkeiten als lächerlich und schrieb ihr einfach, er hätte mit ihr zu sprechen, und sie möchte ihn irgendwann nach drei an der Ruine treffen. Sie musste ja erst die Kinder unten abliefern, so blieb ihm genug Zeit.

Daniel holte die Leiter; er freute sich schon auf den herrlichen Blick aus dem Fensterloch. Die Blumenranke lag natürlich nicht mehr da, wo er sie damals angebracht hatte. Er schüttelte den Kopf. Seltsam, dass er den Besitzer der Leiter noch nie getroffen hatte. Sooft er in Sichtweite war, zog der Turm seine Blicke auf sich; die romantische Landmarke war schwer zu übersehen. Doch niemals regte sich etwas in der Nähe.

Daniel blieb lang oben stehen, die Ellenbogen auf den ehemaligen Fenstersims gestützt. Es war ein trockener Tag, aber tiefe graue Wolken schoben sich über den Himmel. Das Meer war unruhig und trug weiße Schaumkappen. In dieser Beleuchtung glitzerte die See in lebhaftem Grün, fast wie Colleens Augen.

Plötzlich hörte er jemanden reden und laut lachen. Er fuhr zusammen. War Maura denn in Begleitung gekommen? Es dauerte einen Augenblick, bis ihm klar wurde, dass sie wohl telefonierte, während sie zur Ruine ging. Hastig kletterte er hinunter. Dabei blieb seine Hand an einem der Steine am Fensterrand hängen, der etwas hervorstand. Er konnte ihn gerade noch auffangen und zurückschieben, bevor er hinunterkrachte.

Beim Abstieg schüttelte er den Kopf über die merkwürdige Gewohnheit vieler Leute, mit dem Handy am Ohr durch Läden, Bahnhöfe, Flugplätze und sogar Gottes freie Natur zu laufen und ungeniert ihre Privatangelegenheiten in dieser öffentlichen Art und Weise zu diskutieren.

Als er unten aus der Ruine trat, war Maura nur noch ein paar Schritte entfernt. Sie beendete ihr Gespräch und kam lächelnd auf ihn zu. Er ergriff widerwillig ihre Hände, die sie nach ihm ausstreckte, ließ eine davon aber sofort wieder los und ging dann mit ihr langsam zwischen den Stachelbüschen bergauf.

»Maura, ich muss dir etwas sagen, was dir vielleicht wehtun wird.« Er spürte, wie ihre Hand in seiner zuckte, hielt sie jedoch fest. »Ich glaube, du erwartest mehr von mir, als ich dir geben kann.« Heiliger Rembrandt, war das schwer! Sie blieb stehen und schaute ihn an. »Maura, ich schätze dich als Freundin, ich … ich bewundere deine Schönheit und deine Intelligenz, aber ich bin nicht das winzigste bisschen in dich verliebt.«

Ihre Augen waren weit aufgerissen und sie zog ihre Hand fort. »Das kann nicht sein«, stammelte sie ungläubig.

»Glaub mir, es ist wahr. Für mich bist du eher wie eine kleine Schwester.«

Sie fiel ihm ins Wort. »So ein Unsinn! Du bist doch kaum älter als ich. Mach bloß nicht einen auf alt und weise, das ist lächerlich!«

Er ließ das auf sich beruhen. Es war Zeit, ihr die ganze Wahrheit zu sagen. »Und außerdem liebe ich eine andere Frau, Maura.«

Sie schnappte nach Luft. »Wen denn?«

Daniel sagte sanft: »Colleen.«

»Was? Colleen? Die ist ja viel zu alt für dich!«

»Wieso denn? Sie ist ja jünger als ich«, gab er verdutzt zurück. Dann wurde ihm klar, dass die Studentin auf sein jungenhaftes Aussehen hereingefallen war, wie so manche vor ihr. »Ich bin dreiunddreißig, Maura.«

Es dauerte eine Weile, bis sie das Gesagte verarbeiten und ihm glauben konnte. Danach brach sie in Tränen aus. Danny trat heran, nahm sie in den Arm und strich ihr beruhigend über den Rücken. Zuletzt drehte sie sich abrupt um und lief mit Riesenschritten den Abhang hinauf, weg von ihm.

Sie tat ihm aufrichtig leid. Trotzdem atmete er erleichtert auf. Das war scheußlich gewesen, doch nun hatte er es hinter sich. Er kehrte um zum Normannenturm; die Leiter musste ja weggeräumt werden. Als er sie wegzog, wackelte oben der Stein wieder bedenklich. Einem Impuls folgend, stieg er noch einmal hinauf, um der Sache nachzugehen. Es war ein grob zugehauener Mauerstein wie all die anderen. Aber er saß nicht fest, sondern war lose. Daniel hob ihn ab und betrachtete ihn von allen Seiten. Die untere Ecke war viel dunkler. Auf einmal schoss ihm ein Gedanke durch's Hirn: Dieser Mord hier im März … Die Tatwaffe war nie gefunden worden …

Ein Schauer lief über seinen Rücken. Plötzlich hatte er es sehr eilig, von dem Turm wegzukommen. Sorgsam legte er den Stein zurück in die ursprüngliche Position, kletterte hinab und entfernte vorsichtig die Leiter. Er schaute sich nervös nach allen Seiten um, als er sie wieder in ihrem Versteck unterbrachte und durch eine frische Kleeranke neu markierte. Dann schwang er sich über das Mäuerchen. Zu Hause schrubbte er seine Hände ausführlich mit heißem Wasser und Seife.

Wenn seine Ahnung sich als richtig herausstellte, sprach das eindeutig für Bills Unschuld. Die Polizisten, die ihn festnahmen, mochten zwar unerfahren sein, blind jedoch waren sie nicht. Und niemand hatte eine Aluminiumleiter erwähnt. Ohne eine solche konnte aber keiner den heruntergefallenen Stein wieder an seinen angestammten Platz legen.

Er dachte daran, wie er den Brocken beinahe herabgefegt hätte. Vielleicht war es ja überhaupt ein Unfall gewesen? Er beschloss, am Abend John Walsh anzurufen, den Kriminaler. Zuvor jedoch gab es Wichtigeres.

Genau, wie er vermutet hatte, war das Pub um diese Zeit fast leer. Drei Touristen saßen mit Getränken an einem Tischchen und spielten Karten. Colleen räumte die Spülmaschine aus und stapelte die Gläser in die Regale. Sie schaute ihn erstaunt an, als er hinter die Theke kam und sie ins *Snug* zog.

»Ich muss mit dir sprechen«, sagte er und zog die Tür ins Schloss.

»Was ist denn los?«

»Colleen … ich bin verrückt nach dir!« Also gut, das klang nicht ganz richtig. Er schüttelte den Kopf. »Ich will sagen … ich mag dich sehr gern.«

»Hm, ja, ich mag dich auch. Aber warum – «

»Ich liebe dich!« So, jetzt war es heraus. Daniel hielt den Atem an.

Erst stieg ihr die Röte ins Gesicht. Dann wurden ihre Augen ganz schmal. »Und was ist mit Maura?«, fragte sie.

»Maura? – Mit der ist gar nichts.«

»Du hast sie aber geküsst.«

»Nein.«

Kalt sagte sie: »Ich habe es gesehen. Ich war im Schuppen.«

»Du hast gesehen, dass Maura mich geküsst hat, nicht ich sie.«

»Mir ist nicht aufgefallen, dass du dich gewehrt hast.«

Er seufzte. »Das stimmt. Es war ja auch nicht unangenehm. Aber trotzdem bin ich nicht in sie verliebt, sondern in dich, Colleen.«

Stumm zupfte sie ein langes blondes Haar von seinem Kragen und hielt es ihm vor die Nase. Das Schicksal hatte offenbar fest vor, ihn lächerlich zu machen. Er nahm das Haar weg und ließ es fallen. Dann drehte er ihre Hand um und küsste zärtlich die Innenseite. Geduldig erklärte er, was soeben am Normannenturm vorgefallen war. »Bitte glaub mir, Colleen.«

Plötzlich lachte sie leise. »Kann es sein, dass du ein bisschen hilflos bist, wenn dich schöne Frauen anknabbern wollen?«

Er fand das ungerecht. Sich gegen einen aufgedrängten Kuss zu wehren, war ungehobelt, und ein weinendes Mädchen zu trösten war selbstverständlich. Er war ein Gentleman, nicht hilflos. Aber Colleen schien ihm immerhin zu glauben, obwohl sie spöttisch lächelte. Oder lächelte sie einladend? Plötzlich war es ihm egal. Er vergaß alle Ritterlichkeit und zog sie an sich. Sie ließ es geschehen, und ihre Lippen trafen sich in einem langen Kuss.

»Hallo! Colleen?« Sie fuhren auseinander, als Toms laute Stimme dröhnte.

»Hier, ich komme schon«, rief sie und floh aus dem *Snug*. Daniel folgte ihr nach ein paar Sekunden. Tom Murphy stand am Tresen und schmunzelte. Er hatte ja durch die Durchreiche gesehen, was vorgefallen war, und er war sehr zufrieden damit.

»So, Danny, bist du endlich zurück?«, grüßte er den Maler. »Willst du wieder bei mir arbeiten?«

Das wollte Daniel nur zu gern. Es stellte sich heraus, dass Tom den jungen Mann, den er als Aushilfe eingestellt hatte, bereits nach zehn Tagen rausgeschmissen hatte, weil dieser erstens im Dienst getrunken und zweitens ausfallend zu ein paar Stammgästen geworden war. Seither war der Wirt selbst Barmann gewesen, und er sehnte sich zurück nach seinem Fernseher.

So kam es, dass Daniel um acht Bier zapfte, anstatt sich weiter um die Angelegenheit mit Colleen zu kümmern. Beim Kochen daheim hatte er keine Gelegenheit gehabt, mit ihr zu sprechen.

Maura war zu seiner Erleichterung gar nicht zum Abendessen aufgetaucht, aber da Orla und Brid alles über seine Reise wissen wollten, konnte er nur Blicke mit Colleen wechseln. Ihre grünen Augen blitzten ihn fröhlich an, und einmal zwinkerte sie ihm zu. Damit musste er sich für den Augenblick zufriedengeben.

Später am Abend im Pub klingelte sein Mobiltelefon. Vielleicht war es Colleen? Hoffnungsvoll sah er aufs Display. Nein, eine unbekannte Nummer. Er nahm ab.

»Hallo, Danny. Nenne meinen Namen nicht. Ich bin's, John Walsh.«

»Ah. Hey … Jimmy, gut von dir zu hören«, sagte er.

»Kannst du reden? Oder sind Leute da? Einheimische?«

»Also, nein, ich kann jetzt nicht weg. Wie stellst du dir das vor? Das ganze Pub ist voll mit durstigen Menschen von hier und aus aller Welt«, erklärte Daniel, während er ein fertiges Pint servierte, dafür kassierte und dann zwei neue zu zapfen begann.

»Hör zu. Du bist doch ein heller Bursche. Ist dir in der letzten Zeit an den Ortsbewohnern etwas aufgefallen? Irgendein seltsames Verhalten?«

Daniel dachte an den Mann, den er in jener Nacht ganz am Anfang seines Aufenthalts gesehen hatte. Falls wirklich der Stein die Tatwaffe war, stand fest, dass die Leiter mit der Sache zu tun hatte, denn jemand hatte den Brocken wieder in die Mauer eingefügt, und zwar in sechs Metern

Höhe. Von dem Stein wusste die Polizei noch gar nichts, das musste er schleunigst melden. Bloß wie?

»Ja, definitiv. Klar will ich dich sehen, wenn du schon mal in Irland bist. Kannst du vielleicht herkommen?«, fragte er nach kurzem Nachdenken.

»Ich fahre morgen früh nach Dingle. Könntest du mich dort mittags treffen? Ruf mich vorher an, okay? Und, Danny, sei vorsichtig. Wir denken, dass in eurer Gegend ein Mörder frei herumläuft.«

Daniels Nackenhaare stellten sich auf. Das klang unheimlich. Er beendete das Gespräch und widmete sich wieder seinen Gästen.

Der restliche Abend verlief ruhig und endete früh. Er konnte pünktlich zusperren, sodass er noch vor Mitternacht daheim ankam. Seine Gedanken kreisten um den Mordfall. Verschwundene Telefone, eine versteckte Leiter, ein Stelldichein, ein loser Mauerstein. Es wollte sich nicht zusammenfügen. Dabei wurde Daniel das Gefühl nicht los, dass er eigentlich alle Puzzleteile vor sich liegen hatte. Heute hatte er kurz eine Erleuchtung gehabt, aber dann war die Sache mit dem Stein dazwischengekommen. Was hatte er nur davor gedacht? Er kam und kam nicht darauf.

Gerade wollte er die Klinke der Haustür herunterdrücken, als jemand »Pst!« machte. Er fuhr zusammen und sah sich misstrauisch um. Colleen stand in der Scheunentür und winkte ihm. Was für eine angenehme Überraschung nach all den düsteren Grübeleien! Er eilte hinüber. Nachdem sie das Tor hinter ihnen beiden zugeschoben hatte, drehte sie sich zu ihm um.

»Danny … ich bin nicht ganz sicher, ob ich heute Nachmittag richtig verstanden habe, was du mir sagen wolltest. War es – das?« Sie schlang die Arme um seinen Hals, und presste ihren weichen Mund auf seine Lippen.

Es dauerte eine Weile, bis er antworten konnte. »Hm, ja, das war es. Lass es mich wiederholen, um Missverständnisse auszuschließen.« Seine Hände gruben sich in ihre rote Haarmähne, und was als zärtlicher Kuss begann, wurde leidenschaftlicher. Eng schmiegte sie sich an ihn, während sie ungeduldig sein T-Shirt hochschob und ihre Finger über seinen Rücken wandern ließ.

»Colleen«, raunte er heiser, »ich liebe dich so sehr.«

Sie lachte leise. »Jetzt glaub ich's schon fast. Beweis es mir nochmal …«

Etwas später sanken die beiden auf die vorderste Reihe Heuballen, die oben keinen Platz mehr gefunden hatten. Hier jedoch brachte Fionn bald jede Leidenschaft zum Erliegen, dies war schließlich sein Schlafzimmer. Wenn sich also Menschen da aufhielten, nahm er an, sie wollten mit ihm spielen. Der junge Hund war schon die ganze Zeit mal an Colleen, mal an Daniel hochgesprungen, was das Paar ignoriert hatte. Jetzt lagen sie aber auf dem duftenden Heu, wo Fionn ihnen Gesellschaft leistete und begeistert Gesichter, Arme und Hände leckte. Colleen hielt sich den Bauch vor Lachen, während sich Daniel seufzend hochrappelte.

»Es ist besser so«, tröstete sie ihn und wischte sich die Tränen von den Wangen. »Ich finde sowieso, wir sollten warten, bis –«

»Oh nein!«, stöhnte er. »Sag bloß nicht, du willst bis nach der Hochzeit warten!«

»Welche Hochzeit? Nein, Danny, ich war schon mal verheiratet und habe nicht vor, diesen Fehler zu wiederholen. Ich wollte sagen – warten, bis Maura weg ist. Findest du nicht auch? Sie bleibt ja nur noch bis zum Wochenende.«

Er nickte ernüchtert. Natürlich hatte sie recht. Und komisch, wie ihm die Idee mit der Hochzeit so herausgerutscht war! Die Ehe war in seinen Lebensplänen eigentlich nicht vorgesehen. Andererseits … Für Colleen wollte er mehr sein als ein unverbindlicher Liebhaber. Er hatte fest vor, sein Leben mit ihr zu verbringen, die Kinder aufwachsen zu sehen, während sich noch ein paar gemeinsame dazugesellten, und nach vielen Jahrzehnten im Garten die späten Rosen zu zählen. Oder, da es sich ja um Colleen handelte, eben die Radieschen …

18

Maura marschierte blind drauflos. Die Richtung war ihr vollkommen egal, Hauptsache, sie kam fort von Danny. Während sie bergauf keuchte, liefen ihr die Tränen über das Gesicht. Wie hatte sie sich nur derartig täuschen können? Sie war so sicher gewesen, dass der Maler ihre Gefühle erwiderte, dabei war es nur Freundlichkeit seinerseits gewesen. Als ihr einfiel, wie sie ihn geküsst hatte, stöhnte sie verzweifelt auf. Er musste sie ja für mannstoll halten! Warum bereitete ihr das Schicksal nur immer solche Niederlagen? Diesmal wäre es der Richtige, hatte sie gedacht. Und diesmal hatte es wehgetan. Sie war unglücklich, nicht wütend. Maura versuchte sogar kurz, zornig zu werden – mit Wut konnte sie besser umgehen als mit Traurigkeit. Es wollte ihr jedoch nicht gelingen. Danny hatte ja nichts falsch gemacht. Er hatte ihr nichts vorgelogen, er hatte sie nicht betrogen, er war nur so entsetzlich sanft und nett gewesen. Dafür konnte sie ihm schließlich nicht böse sein.

Irgendwann bekam sie Seitenstechen. Sie blieb stehen und atmete tief ein und aus, bis der Schmerz nachließ. Erstaunt stellte sie fest, dass sie fast die Kuppe des Hügels erreicht hatte. Bergsteigen gehörte nicht zu ihren Leidenschaften, aber nun wollte sie doch ganz nach oben. Offenbar wirkte eine Wohnung am Hang tatsächlich noch besser als die Übungen im Fitnessstudio. Vor drei Monaten wäre sie bestimmt nicht so hoch hinaufgeraten, ohne mehrmals pausieren zu müssen.

Am Gipfel setzte sie sich auf einen Felsen und sah sich um. Ein schönes Land war das hier, das musste sie zugeben, und friedlich. Genau das Richtige für Maler. Und natürlich für Farmer und Farmerinnen. Ein neuer Weinkrampf schüttelte sie. Ausgerechnet Colleen hatte ihr den Mann ausgespannt! Maura hatte insgeheim die ältere Frau immer etwas bemitleidet: weit über dreißig, geschieden, zwei Kinder am Rockzipfel, keinerlei Aussichten für eine bessere Zukunft ... Und jetzt bekam sie den attraktiven Danny, während sie, die junge, flotte, kluge Maura leer ausging. Ungerecht!

Sie machte sich traurig an den Abstieg. Der Hügel brachte sie bald auf andere Gedanken. Sie war versehentlich in die falsche Richtung losgegangen. Plötzlich wurde der Hang so steil und rutschig, dass sie gezwungen war, wieder ein Stück hochzusteigen, bis sie eine bessere Möglichkeit fand. Aber Konzentration war auch hier nötig, um unfallfrei nach unten zu kommen. Ein Glück, dass sie wenigstens ihre Turnschuhe trug – sie hatte vor ihrem Treffen mit Danny kurz hochhackige Sandalen in Erwägung gezogen, dann aber doch die vernünftige Option gewählt. Endlich sah sie ein Tor zwischen zwei Hecken vor sich. Dahinter musste ein Weg oder eine Straße liegen. Erleichtert kletterte sie über das Gatter.

Es war einer von den eingefriedeten Plätzen, die man überall im ländlichen Irland findet: Umgeben von dichten Hecken, Mäuerchen oder Zäunen dienen sie zum Sammeln von Schafen, bevor man sie zum Hof treibt. Manchmal werden die Tiere von hier aus auch auf Viehanhänger verladen; es hängt davon ab, ob sie zur Schur, zum Lammen, oder zum Schlachten sollten.

In diesem Fall hatte der Farmer einfach das letzte Stück eines Feldwegs zu diesem Zweck durch ein zweites Gittertor abgetrennt. Über das erste war Maura soeben gestiegen, das andere mochte fünfzehn Meter entfernt sein. Rechts wuchs eine dornenüberwucherte Fuchsienhecke, links war das Gelände durch einen hohen Koppelzaun begrenzt. Und auf dem Platz dazwischen befanden sich zwei Pferde, Connemara-Ponys.

Als angehende Veterinärin hatte Maura einen scharfen Blick für leidende Tiere. Dass diese zwei litten, hätte jedoch sogar ein Maurerlehrling erkennen können. Die Stute stand mit hängendem Kopf da. Sie war so abgemagert, dass man die Rippen zählen konnte. Das Fohlen war nicht ganz so dünn; wahrscheinlich bekam es immer noch Milch, wenn auch nicht genug. Es lag am Boden und machte einen sehr schwachen Eindruck. Auf dem eingezäunten Platz wuchs kein einziger Grashalm, denn die Fläche war geteert. Was sie von dem Grünzeug unter der Hecke erreichen konnte, hatte die Stute längst abgefressen. Die Tiere hielten sich schon eine Weile hier auf, wie man an den Pferdeäpfeln sah, mindestens seit drei, vier Tagen, schätzte Maura.

Sie vergaß ihren Kummer über diesem Anblick. Ihre Augen füllten sich zwar wieder mit Tränen, aber diesmal aus Mitleid. Und gleich darauf setzte der Zorn ein, den sie sich vorher gewünscht hatte. Was war denn das für ein grausamer Farmer, der zwei Ponys tagelang in einem geteerten Raum einsperrte? Sie würde ihn finden und ihm die Meinung geigen, das war klar. Und sie würde ihn wegen Tierquälerei anzeigen! Als erstes jedoch musste etwas für die armen Tiere getan werden.

Eilig kletterte sie zurück auf die Bergweide. Sie zog ihre Jacke aus, knotete sie zu einem Bündel und stopfte so viel Gras, wie sie nur gerade abrupfen konnte, hinein. Genug war das nicht, aber es mochte die Stute eine Zeit lang beschäftigen und ihr vielleicht ein bisschen Hoffnung geben. Langsam näherte sie sich dem Tier, das nervös auswich. Sie legte das Futter schließlich einfach auf den Boden.

Mit neuer Energie schwang sie sich über das zweite Tor und lief auf dem Feldweg weiter. Bald gelangte sie an ein Bauernhaus. Ein Mann bastelte im Hof an einem Traktor herum. Er war um die vierzig und sah eigentlich gar nicht niederträchtig aus. Maura presste die Lippen fest aufeinander. Sie hatte einmal ein Foto von einem Massenmörder gesehen, und auch der hatte völlig harmlos und freundlich gewirkt.

»Hallo! Ich habe Ihre Pferde gefunden!«, rief sie ihm böse zu.

Er blickte erstaunt auf. »Meine Pferde? Komisch. Sind sie aus der Weide ausgebrochen?« Damit verschwand er eilig um die Ecke.

Nein, so einfach sollte er ihr nicht entkommen. Maura rannte hinterher. Der Farmer stand an einem Weidezaun. Jetzt drehte er sich um und sagte: »Da sind sie doch. Ich hätte mich auch mächtig gewundert.« Er musterte die junge Frau. »Übrigens, ich bin Ken«, stellte er sich vor und streckte ihr die Hand hin.

»Ich heiße Maura.« Sie war immer noch misstrauisch. »Oben am Ende des Weges sind zwei Connemara-Ponys eingesperrt. Gehören die nicht hierher?«

»Ich besitze diese beiden jungen Stuten hier, das ist alles. Sie haben bei dem Rennen in Dingle Anfang August gar nicht schlecht abgeschnitten. Im Herbst nehm ich sie nach Listowel zum Rennen.« Stolz betrachtete er seine Tiere. Dann wandte er sich wieder Maura zu und runzelte die Stirn. »Wieso da oben – da gibt es ja kein Futter? Und überhaupt, ich weiß doch gar nichts davon!«

Sie erklärte, wie sie die Ponys gefunden hatte. Der Farmer hörte aufmerksam zu.

»Ausgesetzt«, meinte er danach.

Natürlich! Das war es. Was jetzt? Sie standen einen Augenblick stumm da, während Maura fieberhaft nachdachte. Sie hatte schon häufiger mit Denis Conroy im Tierhafen ausgesetzte Pferde und Esel behandelt, aber bisher war sie nie allein mit einer solchen Situation konfrontiert gewesen. Möglicherweise gab es in dieser Gegend auch eine entsprechende Organisation, bloß hatte sie keine Ahnung, wie sie das rasch genug herausfinden sollte. Denn schnell musste es gehen. Sie beschloss, sich zunächst selbst um die Tiere zu kümmern. Als erstes brauchten sie Heu, um wieder zu Kräften zu kommen. Danach konnten sie sich auf einer Weide in aller Ruhe erholen. Heu gab es bei Colleen, Weideland ebenfalls.

»Ich hole ein paar Ballen Heu, aber ich brauche einen Wagen dazu«, sagte sie resolut und schaute den Farmer eindringlich an.

Er seufzte. »Also gut, ich fahre. Wo soll es denn hingehen?« Er schien insgeheim erleichtert, dass die hübsche junge Frau die Verantwortung übernahm.

Sie kletterten in seinen Pick-up. Unterwegs erklärte Ken, dass er die Ponys unmöglich auf seiner Weide behalten konnte. Er hatte nicht viel Platz, das hatte Maura selber gesehen, das Grasland reichte gerade für seine zwei Stuten.

Sie nickte ungeduldig. »Ich kümmere mich schon darum, Ken. Keine Sorge.«

Brid und Orla, die mit Fionn gespielt hatten, schauten interessiert zu, als der Farmer drei Ballen Heu aus der Scheune auf die Ladefläche wuchtete. »Was ist denn los? Ist dir was passiert, Maura? Du bist ganz schmutzig«, erkundigte sich Orla.

Die Studentin blickte an sich hinab. Das Herumrutschen auf dem feuchten Berg hatte deutliche Spuren auf Jeans und Schuhen hinterlassen, und ihre Hände waren verschmiert mit Gras und

Erde. Sie schüttelte angewidert den Kopf. »Meine Güte, ich sehe ja furchtbar aus.« Dann erzählte sie von den Pferden, die sie gefunden hatte, und die ihre Hilfe brauchten. Inzwischen war auch Colleen aus dem Haus gekommen und hatte alles mit angehört »Ich hoffe, es ist in Ordnung, dass ich mich einfach bedient habe«, sagte Maura. Ich zahle natürlich für das Heu.«

Selbstverständlich wollten die Kinder mitkommen und die Pferde besichtigen. Sie bettelten so lange, bis Colleen sie ins Auto packte. Maura hatte nichts dagegen. So konnte sie hinterher hinten auf dem Pick-up mit heimfahren und musste nicht den ganzen Weg zu Fuß zurücklegen. Inzwischen spürte sie sämtliche Beinmuskeln nach ihrer Gewalttour.

Die Stute wich bis ans andere Ende der Einfriedung zurück, als die zwei Fahrzeuge hielten. Das Fohlen stand auf wackeligen Beinen da, zu schwach zum Davonlaufen. Immerhin konnte es aufstehen, was Maura dankbar registrierte. Sie ordnete an, dass alle anderen draußen bleiben sollten, während sie allein langsam durch das Tor ging und einen halben Heuballen in die Mitte legte. Sie vermied es, dem Jungtier zu nahe zu kommen, und kehrte gleich wieder um; sie wollte die Ponys nicht unnötig in Angst versetzen. An das Gatter gelehnt, beobachteten sie dann, was passierte. Nur sehr zögerlich näherte sich die Stute dem Futter. Endlich jedoch steckte sie die Nase hinein und begann eifrig zu kauen. Auch das Fohlen fraß kurz darauf.

»Sie sind schrecklich dünn«, stellte Orla fest. »Du musst ihnen mehr Heu geben.«

»Ich komme später noch mal her und werfe die zweite Hälfte hinüber. Anfangs sollten sie nicht zu viel auf einmal kriegen, sonst bekommen sie Bauchweh«, erklärte Maura. »Morgen früh gebe ich ihnen einen ganzen Ballen und vielleicht am Nachmittag sogar den dritten.«

»Das ist wie bei Fionn, nicht? Der durfte zuerst auch nicht so viel fressen, wie er gern wollte.« Brid schmiegte sich an ihre Mutter an, ohne die Augen von den Pferdchen zu nehmen. »Die sind schön, finde ich.«

»Es sind Connemara-Ponys. Die sind etwas kleiner als andere Pferde, aber nicht so schwer gebaut wie zum Beispiel Shetlandponys. Sie haben oft ein graues Fell, so wie diese beiden hier.«

»Kann man auf denen reiten?«, wollte Orla wissen.

»Freilich«, bestätigte Maura. »Es sind gute, verlässliche Reittiere.«

»Mama, können wir sie behalten? Dann reite ich auf der Stute und Brid auf dem Kleinen.«

Colleen hatte es geahnt. »Die gehören uns ja gar nicht, Orla.«

»Aber wenn sie doch ausgesetzt sind! Wo sollen sie denn hin?« Brids Unterlippe bebte verdächtig, und Orla schaute vorwurfsvoll.

»Falls ich den Besitzer finde, zeige ich ihn an wegen Tierquälerei«, sagte Maura böse. »Und in jedem Fall werde *ich* die Ponys behalten.« Sie hielt erschrocken inne. Was sollte sie mit zwei Pferden anfangen? Sie brauchten eine Weide, einen Stall, Futter, tägliche Zuwendung und Pflege, und nichts davon konnte sie ihnen in Cork oder Dublin bieten. Trotzdem: Diese Ponys hatte ihr das Schicksal offensichtlich als Ersatz für Danny geschickt. So etwas ignorierte man nicht. Plötzlich verstand sie, was der alte Tierarzt gemeint hatte, als er gesagt hatte, sie würde merken, wenn ihr der Richtige begegnete. Hier handelte es sich zwar nicht um einen Mann, aber sie spürte deutlich, dass ihre spontane Entscheidung richtig war. Alles andere war Nebensache und würde sich regeln lassen.

Ken hatte der Unterhaltung interessiert gelauscht. Nun meinte er: »Na, da haben sie ja Glück im Unglück gehabt, die zwei. Das übrige Heu legen wir am besten hier an den Wegrand, oder?«

Maura bedankte sich bei ihm für seine Hilfe. Dann verabschiedete man sich voneinander und fuhr heim. Während die Studentin heißhungrig über die Reste des Reisauflaufs herfiel, brachte Colleen die Kinder ins Bett. Hinterher kam sie zurück in die Küche, um sich um eine Ladung Wäsche zu kümmern. Zu ihrem Erstaunen saß die Studentin immer noch am Tisch.

»Colleen, ich muss mit dir reden«, sagte sie energisch.

Sie setzte sich. »Wegen Danny? Es tut mir leid …«

Maura zuckte zusammen. Oh, es tat weh! Doch im Augenblick gab es Dringlicheres. »Nein, es geht um was anderes. Könnte ich die Pferdchen bei dir unterbringen? Ich weiß, das kommt plötzlich – für mich aber auch. Du hast da ein Stück Wiese direkt hinter dem alten Steincottage mit dem Blechdach. Das wird ja momentan gerade gar nicht genutzt. Ich möchte es von dir für zwölf Monate pachten. Bis dahin fällt mir vielleicht etwas Neues ein. Das Häuschen steht ebenfalls leer, wie ich gesehen habe. Es wäre als Stall gut geeignet. Die Ponys sind zäh und bleiben eigentlich das ganze Jahr über im Freien, aber sie stellen sich bei schlechtem Wetter gern unter. Die Hintertür führt direkt auf die Weide. Wenn wir sie aushängen, haben die Tiere jederzeit Zugang. Das einzige Problem wäre das Ausmisten und Füttern. Ich kann jedes zweite Wochenende von Cork herkommen, bloß ist das natürlich nicht genug. Im Winter muss man ihnen zusätzlich zum Grünfutter täglich mindestens einen halben Ballen Heu geben, und wie viel Mist im Stall liegt, hängt davon ab, wie lang sie sich darin aufhalten.« Maura hielt inne. »Wie stehst du dazu?«

Colleen besann sich. Sie war beeindruckt; das war ja ein genau durchdachter Vorschlag. Bisher hatte sie die Studentin als etwas oberflächlich eingestuft, aber offenbar konnte sie durchaus zupackend und konstruktiv sein, wenn ihr eine Sache am Herzen lag.

»Ich glaube sogar, dass es für die Kinder gut wäre. Sie gehen mit Fionn sehr fürsorglich um. Vielleicht sind sie bereit, das Füttern zu übernehmen. Dabei könnten sie mit den Pferdchen Freundschaft schließen«, fügte Maura hinzu.

Colleen lächelte. Ja, die junge Frau kämpfte mit allen Waffen. Das imponierte ihr mehr als die schicken Kleider.

»Das wünschen sie sich bestimmt und würden dafür sicher gern arbeiten. Du meinst also, an mir bliebe nur das Ausmisten hängen?«

Maura atmete auf. Eine Zusage war das nicht, aber zumindest war es auch keine klare Absage. »Ja. Alle paar Tage. Pferdeäpfel sind übrigens hervorragender Dünger; den könntest du doch brauchen.«

Das stimmte. Colleen ließ sich jedes Jahr eine Fuhre liefern. Allerdings wusste man bei Reitstalldung nie ganz genau, was die Tiere gefressen hatten. Vielleicht hatten sie Medikamente bekommen, und die Antibiotika steckten dann in ihrem Biogemüse. Insofern wären eigene Pferde direkt ein Riesenvorteil.

Maura dauerte die Pause zu lang. »Und an den Wochenenden, die ich hier verbringe, gebe ich den Mädchen Reitstunden, falls sie das wollen.«

»Du kannst reiten?«, fragte Colleen fast ehrfürchtig.

»Freilich, ich habe Stunden genommen, seit ich acht war. Die hab ich mir durch Hilfsarbeiten im Stall verdient. Mit vierzehn durfte ich selbst unterrichten, und mit siebzehn habe ich die Reitlehrerprüfung abgelegt. Pferde waren mir schon immer wichtig. Das hat sich nicht geändert …«

Sie einigten sich bald. Orla und Brid sollten sich ihren Unterricht ebenfalls durch Arbeit verdienen. Das Heu konnte nach Verbrauch abgerechnet werden, und für die Nutzung der Weide zahlte Maura 180 Euro pro Jahr.

Um neun marschierte sie noch einmal zu den Pferden. Die erste Portion Heu war verschwunden. Maura öffnete das Tor und trug vorsichtig den Rest des Ballens in die Einfriedung. Wieder zog sich die Stute zurück, aber nur ein paar Schritte. Sobald das Futter auf dem Boden lag, trat sie mit gestrecktem Hals heran. Es würde nicht schwierig werden, ihr Vertrauen zu gewinnen. Einige dieser ausgesetzten Tiere hatten so schreckliche Erfahrungen mit Menschen hinter sich, dass man sich ihnen monatelang nicht nähern konnte. Das schien hier glücklicherweise nicht der Fall zu sein. Maura lehnte noch eine Weile in der Dämmerung am Gatter und redete beruhigend auf die Ponys ein, während sie ihnen beim Fressen zuschaute. Ihre Stimme sollte sich in ihren Köpfen fest mit guten Erlebnissen verbinden.

Als sie ins Bett ging, hatte sie den Kopf voller Pläne. Ihr war da eine großartige Idee gekommen … Wenn sie nur genug Geld hätte! Sie schlief trotzdem bald ein; der Tag war emotional und körperlich aufreibend gewesen.

Am Donnerstag stand sie schon um zehn mit den Kindern oben bei ihren Schützlingen. Sie beantwortete die Fragen, so gut sie konnte. »Wie alt die Mutter ist, kann ich nicht sagen. Dazu müsste ich ihre Zähne ansehen. Das mache ich, sobald ich sie am Halfter habe. Das Fohlen ist vor sieben oder acht Wochen geboren. Es ist eine Stute. – Nein, reiten kann Brid auf der Kleinen frühestens nächsten Juni, sonst verbiegen sich die Knochen im Rücken. Und sie darf es überhaupt nur, weil sie selbst noch so leicht ist. Eigentlich reitet man Pferde erst, wenn sie zwei oder besser drei Jahre alt sind. – Ich denke, dass beide gesund sind. Das sieht man an den Augen, am Fell und an der Körperhaltung. Sie sind geschwächt vom Hunger, das ist alles. Morgen führen wir sie heim auf die Weide – falls ich ihnen die Halfter anlegen kann. – Eure Aufgabe wird es sein, euch mit den Tieren anzufreunden. Ihr bringt ihnen jeden Tag eine Karotte oder einen Apfel. Natürlich dürft ihr sie streicheln; es wird bloß etwas dauern, bis sie zutraulich genug sind. Oder ihr könnt sie auch auf der Weide herumführen. Ich muss nur vorher prüfen, ob die Stute überhaupt ans Halfter gewöhnt ist.«

Beim Frühstück waren die Ereignisse ausführlich besprochen worden. Maura hatte es vermieden, Danny anzusehen, und er hatte sich schweigend verhalten. Nur deshalb hatte sie das Zusammentreffen überstanden – und natürlich, weil die Ponys ihre Gedanken so sehr in Anspruch nahmen. Wie erwartet waren die Kinder jubelnd darauf eingegangen, Stallarbeit gegen Reitstunden einzutauschen. Bevor sie jedoch die Ponys besuchen durften, gab es in den Gewächshäusern zu tun; es war ja Markttag. Erst als Colleens Wagen beladen war, zogen sie los. Inzwischen hatte Danny die Hintertür des zukünftigen Stalls abmontiert und in zwei Stücke gesägt. Er wollte mit nach Dingle fahren, um dort einen zweiten Satz Scharniere und einen kräftigen Riegel zu besorgen. Dann war es möglich, die untere Türhälfte zu sichern.

Maura war sehr dankbar dafür. So konnte man die Pferde einsperren, wenn der Hufschmied kam, oder bei starker Kälte. Aber dass der Maler auf die Idee verfallen war, machte sie wieder furchtbar traurig. Er war so ein wunderbarer Mann … Er versprach auch, sich um die Halfter zu kümmern.

Sie seufzte. Dann wandte sie sich den Kindern zu. »Ich habe beschlossen, die Stute Nebel zu nennen, weil sie so gleichmäßig hellgrau ist. Dem Fohlen dürft ihr einen Namen geben.«

»Wolke!« Sie riefen es fast gleichzeitig. Auf Mauras verblüfften Blick erklärten sie kichernd, dass sie gestern im Bett schon überlegt hatten, wie die Pferdchen heißen sollten, wenn es nach ihnen ginge. Sie hatten sich auf Wind und Wolke geeinigt. Aber weil es doch ein Mädchen war, passte Wolke besser.

Maura lachte und drückte Brid und Orla an sich. Sie waren wirklich nett, und sie war froh, dass sie weiterhin mit ihnen zu tun haben würde. Es wäre schade gewesen, die Kinder ganz aus den Augen zu verlieren.

Trotzdem fieberte sie ihrer Abreise am Sonntag entgegen. Die Geschichte mit Daniel hatte sie doch ziemlich mitgenommen. Da konnte ein Ortswechsel nur helfen. Sie hatte über eine Internet-Vermittlung in Cork ein Zimmer gefunden und war am vergangenen Wochenende sogar bereits dort gewesen. Die Stadt machte einen spannenden Eindruck, fand sie. Und sie freute sich mächtig auf ihre letzten zwei Semester mit ihrem verehrten Dr. Faulkner.

19

Daniels Gespräch am Donnerstag mit dem Kommissar verlief interessant. John hatte schweigend seinem Bericht gelauscht und sofort die Beamten der Spurensicherung informiert, wo sie den Stein finden würden. Diese Aktion musste klammheimlich durchgeführt worden sein, denn Daniel hatte später im Pub kein Sterbenswörtchen darüber gehört.

John Walsh teilte ihm aber am Sonntagvormittag telefonisch mit, wie die Sache ausgegangen war. »Die Pathologin hat sich natürlich nicht festgelegt – das tun die nie. Immerhin hat sie zugegeben, dass die tödlichen Wunden durchaus mit der Form des Felsbrockens übereinstimmen. Und die Flecken stammen tatsächlich von Blut und Hirn. Die Ergebnisse der DNA-Untersuchung kriegen wir erst später; ich würde jedoch jede Wette eingehen, dass die Spuren von der ermordeten Frau stammen. Wenn wir bloß wüssten, wo das verteufelte Handy hingeraten ist ...«

Es hatte anfangs eine Weile gedauert, bis die Polizei überhaupt persönliche Einzelheiten der Ermordeten feststellen konnte. Sie schien ein sehr einsames Leben geführt zu haben. Über ihre Arbeitsstelle in einer Bank schließlich erfuhren sie die Telefonnummer. Danach gab es die üblichen

Verzögerungen durch die Telefongesellschaft. Erst nach sechs Wochen lagen die Verzeichnisse der Gespräche für diese Nummer vor. Und da gab es eine Überraschung: Das letzte Telefonat hatte in etwa zur Tatzeit stattgefunden, und zwar mit der Polizeistation in Dingle. Das bedeutete, dass derjenige, der den Mord gemeldet hatte, das mit dem Handy der Ermordeten getan hatte.

Daniel brauchte ein paar Minuten, bis er diese Information verdaut hatte. Dann sagte er: »Aber in diesem Fall kann doch unmöglich Bill Garvey weiterhin der einzige Verdächtige sein. Oder?«

»Hm. Nein«, gab John zu.

»Das ist ja ewig her. Wieso sitzt er denn immer noch in Untersuchungshaft? Das verstehe ich nicht.«

»Er ist schon lang nicht mehr im Gefängnis, sondern in einem sicheren Haus. Er war damit einverstanden, dass wir zunächst seine Unschuld geheim halten. Seine Aussagen über den Anruf der Frau haben sich ja durch die Verzeichnisse der Gespräche für sein Handy rasch bestätigt. Dazu braucht man das Ding nicht unbedingt. Aber dass du es gefunden hast, war trotzdem hilfreich, weil es Unklarheiten beseitigt hat. – Daniel, der Mörder läuft bei euch herum! Und wenn er das nächste Mal da hochklettert, wird er merken, dass der Stein fehlt. Wer weiß, was er dann macht. Wir haben den Turm unter ständiger Beobachtung. Du sagst ja, dass die Leiter von Zeit zu Zeit bewegt worden ist. Bis jetzt hatten wir allerdings keinen Erfolg. Gib auf dich acht, Mann, und sobald du was Verdächtiges siehst oder hörst, melde dich sofort!«

Das versprach er gern. In Gedanken versunken, legte er auf und wandte sich wieder seiner Arbeit am Pferdestall zu.

»Danny, heißt das hier *Sahne* oder *Sauerrahm*? Und wie spricht man es aus?«

Daniel blickte auf. Er schraubte gerade den Riegel an die Stalltür. Orla stand vor ihm, den Finger in dem Kochbuch, das er ihr mitgebracht hatte. »Ja, es ist Sahne.« Er erklärte ihr, dass ein »h« nach einem Vokal im Deutschen immer einfach den davor stehenden Selbstlaut verlängerte.

»Aha. Danny, darf ich heute kochen? Ich möchte Spaghetti Carbonara machen. Du sollst mir aber nicht helfen; ich will das allein schaffen«, bat sie.

Er lächelte und strich ihr durch die Haare. »Freilich, gern. Hast du denn alles, was du dafür brauchst?«

»Fast. Bloß solchen Schinken hab ich nicht im Kühlschrank gefunden. Ich weiß genau, wo er unten im Laden steht. Man kann auch fertig geschnipselten nehmen, oder nicht?« Als er nickte, fuhr sie eifrig fort: »Könntest du nicht zum Supermarkt mitkommen? Mama ist doch nach Dingle gefahren.«

Colleen brachte gerade Maura zum Bus. Es war der letzte Augustsonntag; morgen begann die Schule. Es waren turbulente Tage gewesen. Die Pferdchen, die jetzt friedlich auf der Weide grasten, hatten viel Zeit in Anspruch genommen und große Aufregung verursacht. Daniel hatte sich darüber gefreut, dass sie bei ihnen unterkommen sollten. Den Kindern konnte es nur gut tun, für sie zu sorgen, und er liebte es, am Zaun zu lehnen und die Pferde zu beobachten. Er mochte das Geräusch, wie sie Gras abrupften.

Ab und zu hoben die Tiere die Köpfe und sahen ihn an, oder die kleine Wolke bekam einen Energieanfall und galoppierte in wilden Sprüngen über die Wiese. Er hatte auch die Erfahrung gemacht, dass die Stute näher und näher kam, wenn er sich wegdrehte und in eine andere Richtung schaute. Einmal hatte er sogar ihren Atem in seinem Nacken gespürt. Sie wurde also langsam zutraulicher. Noch fraß sie Gelberüben nicht aus der Hand. Sie kam mit gestrecktem Hals bis auf einen halben Meter heran, aber zuletzt musste man den Leckerbissen doch immer ins Gras werfen. Maura hatte jedoch festgestellt, dass das Tier am Halfter willig folgte; bloß erwischen ließ es sich nicht so leicht. Na, mit Zeit und Geduld würde das schon werden.

Er sagte: »Also gut. Hast du genug Geld?«

»Fünf Euro. Meinst du, das reicht?«

»Bestimmt. Wo steckt deine Schwester?«

Brid lag auf dem Bauch mitten in der Wiese und las Fionn die Geschichte vom schlafenden Riesen vor. Sie unterbrach das jedoch gern. So wanderten sie gemeinsam in den Laden, wo Orla zielsicher auf ein Regal zusteuerte und eine Doppelpackung Schinkenwürfel holte.

Es machte Daniel großen Spaß, daheim die kleine Köchin zu beobachten. Sie folgte den zumeist gezeichneten Anweisungen des Buches Schritt für Schritt und ließ sich nicht ablenken. Nur ungern ließ sie sich überreden, mit den Nudeln zu warten, bis sie Colleens Wagen zurückkommen hörte. Und als Daniel vorschlug, etwas Muskatnuss in die Soße zu reiben, guckte sie stirnrunzelnd ins Buch. »Davon steht nichts hier.«

»Weil Kinder oft ihr Essen lieber schwach gewürzt bevorzugen. Du aber magst doch einen kräftigen Geschmack.«

Sie vertraute ihm genug, um sich darauf einzulassen. Als Colleen in die Küche trat, war der Tisch gedeckt. Orla stand auf einem Schemel und rührte stolz in dem großen Topf, während Daniel gelassen auf seinem gewohnten Platz saß.

»Nanu?«

Brid hüpfte aufgeregt auf und ab. »Orla hat ganz allein gekocht, Mami. Wir haben gar nichts tun dürfen – nicht mal Danny!«

Erstaunt und amüsiert schüttelte Colleen den Kopf. Ihre Tochter legte offenbar genauso viel Wert auf Selbstständigkeit wie sie selbst. Vernünftig war die Kleine auch: Sobald die Spaghetti weich waren, bat sie Daniel, die Nudeln abzugießen. Es schmeckte hervorragend.

Abends hinter der Theke konnte Daniel die Sperrstunde kaum erwarten: Maura war nicht mehr da, und er hatte fest vor, später an Colleens Tür zu klopfen. Ausgerechnet heute jedoch ging es lebhafter zu als sonst an den Sonntagen. Mehrere Farmer saßen auf ihren angestammten Hockern und unterhielten sich friedlich, während eine große, aufgedrehte Reisegruppe aus Texas den Raum um die Tischchen füllte. Um zehn tauchten Colleens Freundinnen auf.

»Ja, so was«, neckte einer der Männer am Tresen sie, »wo habt ihr denn heute eure dritte Hexe gelassen?«

»Keine Sorge, wir haben schon ein paar Zaubersprüche abgesungen mit ihr«, lachte Linda übermütig. »Schau lieber nach deinen Milchkühen, wenn du heimkommst!«

Sorcha bemerkte in Richtung des Barmannes: »Ja, aber dann hat sie uns fortgeschickt. Sie wollte baden und ihre Haare waschen und so weiter. Hat sie später noch was vor, Danny? Weißt du irgendwas?« Sie warf ihm einen schelmischen Blick zu.

Er lief feuerrot an, hielt jedoch weise den Mund, zuckte nur mit den Schultern und mischte den Frauen die bestellten Getränke. Dabei sah er aus dem Augenwinkel, wie Mike Flanahan, der still in der Ecke gesessen hatte, sein fast noch volles Bierglas hastig auf einen Zug hinunterschüttete, daraufhin etwas Unverständliches knurrte und verschwand.

Sein Nachbar schaute ihm nach. »Jedes Mal, wenn Colleen erwähnt wird, haut der ab. Er kann sie überhaupt nicht leiden. Das ist doch seltsam, findest du nicht?«, fragte er seinen Kumpel.

Der wiegte den Kopf. »Ganz im Gegenteil, Jamie. Er mag sie zu sehr. Bloß beruht das nicht auf

Gegenseitigkeit. Zweimal hat sie ihn schon abgewiesen, einmal vor ihrer Hochzeit mit Ben und nach ihrer Scheidung wieder. Na, man kann's ihr kaum verdenken.«

Daniel, der das mit angehört hatte, schüttelte sich innerlich bei der Vorstellung, dass dieser verwahrloste, mürrische Mensch sich eine Zukunft mit seiner süßen Colleen ausgemalt hatte. Er verfolgte den Gedanken jedoch nicht weiter, denn er wurde immer ungeduldiger. Sorcha und Linda steckten die Köpfe zusammen, tuschelten und grinsten ab und zu in seine Richtung. Dabei sahen sie wirklich wie Hexen aus, fand er. Ob Colleen mit ihnen über ihn geredet hatte? – Wahrscheinlich. Egal, es kümmerte ihn nicht. Wenn es nur bald Zeit zum Abschließen wurde!

Zuletzt hatte er doch Glück. Ein großer Schwung Gäste verschwand um elf, und die letzten ließen sich um halb zwölf widerspruchslos hinauskomplimentieren.

Noch immer keuchend, öffnete er daheim leise seine Zimmertür – diesmal war er die ganze Strecke geradelt, ohne abzusteigen. Nun wollte er sich nur rasch die Hände waschen, und dann würde er nebenan klopfen. Er tappte im Finstern durch den Raum zum Bad; das Licht hatte er gar nicht erst angeknipst. Dabei fiel ihm eine Bewegung draußen auf. Er hielt inne und schaute aus dem Fenster. Was konnte sich denn da bewegen? Dort gab es ja nichts außer Gestrüpp und die Turmruine! Tatsächlich: Im Fenster des Normannenturms tauchte ein schwacher Lichtschein auf. Jetzt verschwand er, dann huschte er noch einmal vorbei. Daniel stand wie versteinert da. Fast konnte er es klicken hören, als die Informationen sich zu einem Bild zusammenfügten.

Die Leiter. Das Fenster. Licht.

Er war immer davon ausgegangen, dass jemand, der im Turm auf eine Leiter kletterte, die Landschaft genießen wollte. Aber von dort oben konnte man in sein eigenes Zimmer sehen, das hatte er ja selber gemerkt. Und direkt neben dem seinen lag – Colleens Zimmer! Sie hatte sich die Haare gewaschen und getrocknet, und dabei bestimmt nicht viel angehabt. Wer auch immer gerade im Turm war, hatte sie in aller Ruhe beobachten können wie auf einer erleuchteten Bühne. Vielleicht war derjenige mit einem Fernglas ausgerüstet …

Daniel wurde es ganz heiß. Er stürmte hinaus und klopfte leise nebenan. Als Colleen öffnete, blieb er neben der Tür stehen, um vom Turm aus nicht gesehen zu werden. »Mach das Licht aus«, sagte er eindringlich.

»Was?« Immerhin drückte sie auf den Schalter.

»Colleen, ich kann jetzt nicht bleiben, ich muss noch einmal weg. Du musst die Hintertür verriegeln, wenn ich draußen bin, und du musst mir versprechen, dass du in deinem Zimmer kein Licht mehr anmachst, hörst du? Ich erkläre dir alles hinterher. Vertrau mir jetzt einfach, ja? Wartest du auf mich?«

Das war nun gar nicht, was sie erwartet hatte. Aber nach einem prüfenden Blick folgte sie ihm hinunter und sicherte hinter ihm die Tür.

Daniel schlich auf dem schmalen Sträßchen nach oben bis zu der Stelle, wo sonst die Leiter versteckt lag. Er hörte jemanden sich eilends nähern, und das metallische Geräusch machte klar, dass wer-auch-immer die Leiter bei sich trug. Daniel kletterte rasch in das Feld jenseits der Straße und duckte sich nach ein paar Metern in den Schatten eines Weißdornstrauchs. Ein Klirren, ein Scharren, keuchender Atem, hastige Schritte. Jetzt tauchte eine Figur auf Daniels Seite der Mauer auf und entfernte sich schräg über die Wiese.

Daniel ließ ihm einen guten Vorsprung und folgte leise. Der Mond schien hell genug, dass er sein Opfer nicht aus den Augen verlor. Es ging über ein Gatter, dann einen Feldweg abwärts, durch eine Heckenlücke in eine Weide. Schließlich verschwand der Mann hinter Gesträuch. Daniel schloss schnell auf. Zwischen den Büschen befand sich eines der vielen verlassenen Cottages, ein schlichtes Steingebäude mit einem Wellblechdach. Immerhin war die Tür intakt. Das kleine Fenster hatte jemand mit Brettern vernagelt, und durch die Ritzen sah Daniel Licht. Vorsichtig und geräuschlos schlich er hin.

Ein Spalt neben einem der Fensterbretter erlaubte ihm, hineinzuspähen. In der Mitte des Raumes stand ein uralter Küchentisch, davor ein klappriger Stuhl. Auf dem Tisch lagen ein Feldstecher und eine robuste Taschenlampe, auf dem Stuhl saß – Mike Flanahan. Noch ein Puzzleteil fügte sich ins Bild: Der Mann hatte an einem Abend ganz am Anfang über Colleen geschimpft und dabei erwähnt, dass sie nicht mal die Vorhänge in ihrem Schlafzimmer zuzog. Ihr Fenster konnte man jedoch ausschließlich von der Ruine aus sehen, und nur vom Turmfenster aus war es möglich, hineinzuschauen. Und war der Mann nicht erst vor Kurzem einmal mit einer Dornenranke auf der Schulter im Pub aufgetaucht? Daniel kochte innerlich.

Gerade legte Mike mit zitternden Händen das Fernglas in die Tischschublade und holte etwas anderes heraus: ein hochmodernes Smartphone mit großem Display und rotem Rand, eindeutig ein Damentelefon.

Daniel sog scharf die Luft ein. Mike sah auf. Hatte er ihn gehört? Lautlos zog sich der Lauscher zurück bis hinter die Hütte, und dann huschte er zu einem Gebüsch ein paar Schritte weiter, wo er sich duckte. Gerade zur rechten Zeit: Schon kam Mike um die Hausecke und leuchtete die Umgebung ab. Daniel schloss die Augen und kauerte bewegungslos in seinem Versteck. Offenbar war er nicht entdeckt worden. Der Lichtschein verschwand.

Er musste unbedingt sehen, wo das Handy hinkam! Deshalb huschte er noch einmal zu dem Fenster. Mike legte das Telefon gerade in die Schublade und schob sie hastig zu. Als er durch die Tür trat, stand Daniel längst wieder hinter der nächsten Ecke. Er lauschte den Schritten des Mannes, der sich nun hastig entfernte. Erst als er nichts mehr hören konnte, schlich Daniel langsam und vorsichtig ein Stück zurück. Da wuchs eine mächtige alte Kiefer. Das schien genau der richtige Platz zum Nachdenken, und notfalls bot der dicke Stamm genug Deckung. Daniel ließ sich zwischen dem mächtigen Wurzelwerk nieder und lehnte sich an den Baumstamm.

Mike Flanahan war also der Besitzer der Aluminiumleiter. Er benutzte sie, um Colleen zu beobachten. Dieses Schwein! Unwillkürlich ballte Daniel die Fäuste. Aber weiter! Plötzlich fiel ihm auch wieder ein, worauf er sich neulich nicht um die Welt besinnen konnte: Maura, die lautstark telefonierte, während sie zum Stelldichein mit Daniel am Turm ging! Er sah die Geschichte jetzt wie einen Film vor seinem geistigen Auge ablaufen …

An einem Tag im März steht Mike auf seinem Posten. Das Programm ist gut: Colleen und ihre beiden Freundinnen probieren Kleidungsstücke an und trinken irgendetwas. Weil es ein recht diesiger Nachmittag ist, haben sie die Beleuchtung eingeschaltet. Der Mann auf der Leiter ist ganz versunken in den Anblick.

Plötzlich hört er jemanden reden, eine Frau. Er zuckt zusammen. Was sie sagt, versteht er nicht, aber sie nähert sich, und ihr Ziel ist offenbar die Burgruine. Er hört keine andere Stimme – mit wem spricht sie denn? In aller Eile klettert er hinunter. In der Hektik fällt ihm der lose Stein in die Hand. Oder kracht er auf den Boden? Oder nimmt Mike ihn absichtlich mit?

Jetzt ist er unten angelangt. Die Frau betritt gerade die Ruine. Es ist diese Amerikanerin, die

Touristin, die ihn so spöttisch abgewiesen hat. Sein Zorn steigt wieder hoch. Als sie ihn erblickt, weiten sich ihre Augen. Sie hält etwas in der Hand, ein Handy. Es wird ihm klar, dass sie soeben telefoniert hat. Was, wenn ihr Gesprächspartner noch dran ist? Was, wenn sie ihn verrät und alle erfahren, was er getan hat? Der Film wird unscharf.

Jedenfalls muss Mike die Frau mit dem Mauerstein erschlagen und diesen hinterher wieder fein säuberlich oben in das Fenster eingesetzt haben. Das Telefon hatte er ihr weggenommen und hier in dem einsamen Cottage versteckt, die Leiter kam an ihren gewohnten Platz.

Daniel blickte sich um. Wo waren eigentlich die Polizisten, die angeblich den Turm bewachten? Es blieb ihm wohl nichts anderes übrig, als John Walsh aufzuwecken. Etwas unbehaglich war ihm schon dabei, hier im Freien zu telefonieren. Er wusste ja nicht, ob Mike Flanahan wirklich heimgegangen war. Aber von seinem Standort aus konnte er jede Annäherung rechtzeitig sehen und notfalls flüchten.

John meldete sich sofort. Er wirkte hellwach. Nachdem er Daniel angehört hatte, ließ er ihn beschreiben, wo er sich befand und ordnete an: »Bleib, wo du bist! Wir kommen in fünf Minuten.«

Daniel legte auf und lehnte sich wieder an den Baum. Da war John Walsh wohl ganz in der Nähe. Denn in fünf Minuten konnte man nicht aus dem Dorf hierherlaufen …

Der Kommissar wurde von zwei Kriminalbeamten begleitet. Die beiden hatten Mike bis zum Mäuerchen verfolgt, ihn jedoch dort aus den Augen verloren, wie sich herausstellte. Tiefe Kratzer an ihren Händen erklärten, was sie aufgehalten hatte: Sie kannten ja nicht die günstigste Stelle, und bis sie sich endlich durch die Brombeeren gekämpft hatten, war ihr Opfer samt seinem anderen Verfolger längst verschwunden. Daraufhin hatten sie John Walsh alarmiert, der in einer kleinen Frühstückspension im Ort abgestiegen war.

Daniel zeigte ihnen, wo das fehlende Telefon lag. Es wurde in eine Plastiktüte gesteckt und verwahrt.

»Wir sind dir wirklich dankbar. Nur deine Hilfe hat es uns erspart, mit leeren Händen heimgehen zu müssen. Jetzt verhaften wir den Mann. Hoffentlich gesteht er ohne weitere Verzögerung, damit diese leidige Geschichte endlich abgeschlossen werden kann. Ich brauche morgen eine Aussage von dir, komm also bitte irgendwann nach Dingle. Falls alles gut geht, feiern wir dann abends in deinem Pub. Gute Nacht, Danny und vielen Dank!« John klopfte ihm auf die Schulter.

Auch Danny hatte es mit einem Mal sehr eilig. Deswegen war er wieder außer Puste, als er daheim ankam. Im ganzen Haus war es finster. Er klopfte; die Tür war ja verriegelt, und den Schlüssel für den Vordereingang hatte er natürlich nicht dabei; sie benutzten grundsätzlich die stets offene Hintertür. Hoffentlich war Colleen noch wach!

»Wer ist da?«, tönte es von innen.

»Ich bin's, Danny.«

Sie ließ ihn ein. »Wo warst du? Was war los? Du hast mir richtig Angst gemacht.« Sie hatte die Wartezeit offenbar mit einer Decke und einem Glas Whiskey auf dem Sofa im Wohnzimmer verbracht. Die Fensterjalousien waren heruntergezogen.

Er setzte sich. Sie schenkte ihm ebenfalls einen großzügigen Schluck ein, kuschelte sich neben ihn und blickte ihn auffordernd an. Daniel hielt sie fest im Arm, während er begann. Als er berichtete, wie er das Licht im Turm gesehen hatte und was er daraus geschlossen hatte, versteifte sie sich.

»Wie? Das Schwein hat mich heute Abend in meinem Zimmer beobachtet?« Ihre Augen sprühten förmlich grüne Blitze.

»Nicht nur heute, fürchte ich. Er hat die Leiter oft benutzt. Unter anderem auch an dem Mordtag …«

Sie gab sich Mühe, sich ganz bewusst zu entspannen und lehnte sich wieder an ihn. Den Rest der Geschichte hörte sie schweigend an. »Gut, dass es endlich vorbei ist«, sagte sie dann ruhig. »Bill wird auch froh sein.«

»Er ist gar nicht mehr im Gefängnis, Colleen.«

»Ich weiß. Mir hat es der Kommissar gleich am Anfang mitgeteilt. Er wollte ein Fernstudium beenden, das er während der Untersuchungshaft begonnen hatte. Und er hatte vor, sein Alkoholproblem in den Griff zu kriegen. Vielleicht war die Angelegenheit für ihn gar kein solches Unglück, und er findet einen Neuanfang. Ich würde es ihm wünschen.«

Sie saß eine Weile da, in Gedanken versunken. Dann aber hellte sich ihr Gesicht auf, und ihre Augen richteten sich klar und strahlend auf ihn. »Danny? Ich will auch etwas Neues beginnen – komm mit mir.« Sie streckte ihm die Hand entgegen, als sie aufstand. Das ließ er sich nicht zweimal sagen.

Colleen führte ihn in ihr Zimmer, dann zögerte sie. Sie holte ein Laken aus einer Schublade und drapierte es über die leere Vorhangstange. »Wer weiß, wer da noch alles draußen rumkriecht. Morgen fahre ich nach Tralee und kaufe Vorhangstoff. Aber im Augenblick muss das genügen.«

Daniel lachte leise. »Gute Idee. Nimm so viel, dass es für mein Zimmer auch reicht, bitte.«

Schon nach ein paar Minuten hatten die beiden jedoch das Fenster und die gesamte Außenwelt komplett vergessen; zu sehr waren sie mit sich selbst beschäftigt …

Sie hatten kaum drei Stunden Schlaf abgekriegt, aber Daniel sang am Morgen in der Dusche aus vollem Hals. Und als er zum Frühstück erschien, wirkte Colleen so strahlend frisch, als käme sie aus einem Erholungsurlaub. Diese merkwürdigen Nebeneffekte der Liebe hatte er nicht mehr erlebt, seit er siebzehn war.

Die Kinder schienen etwas zu spüren. Orla beobachtete verstohlen die zärtlichen Blicke, die zwischen ihrer Mutter und dem Maler hin- und herflogen. Brid war weniger zurückhaltend. »Orla hat gesagt, ihr seid verliebt!«, platzte sie heraus, halb vorwurfsvoll, halb fragend.

Colleen lief rot an, aber Daniel lachte. »Da hat sie ganz recht, deine kluge Schwester.« Er beugte sich hinüber zu Colleen und drückte ihr einen Kuss auf den Mund.

Orla verdrehte die Augen, und Brid erkundigte sich hoffnungsvoll: »Heißt das, dass du dann immer bei uns bleibst, Danny?«

»Soll ich denn?«

»Ja!«, rief die jüngere Tochter. Als Daniel sich der älteren zuwendete, nickte diese auch. Colleen sagte scheinbar kühl: »Wir werden ja sehen. Beeilt euch jetzt, die Schule fängt bald an.« Dabei warf sie ihm jedoch einen grünen Blick zu, der ihm die Hitze ins Gesicht trieb.

Später saß er in Dingle John Walsh gegenüber, nachdem er seine Aussage zu den Ereignissen der Nacht vorher zu Protokoll gegeben hatte.

Der Kriminaler hatte vermutlich ebenfalls wenig Schlaf gefunden, aber ihm sah man es an. Trotzdem wirkte er zufrieden. »Der Fall ist aufgeklärt. Flanahan hat alles zugegeben, Gott sei Dank. Es wird auf Totschlag hinauslaufen, denke ich, und ein guter Anwalt wird auf geistige Verwirrung plädieren. Ganz bei Verstand ist der Mann wirklich nicht.«

Wahrscheinlich hatte er recht. Dennoch war Daniel noch nicht bereit, dem Farmer das Eindringen in Colleens Privatsphäre zu verzeihen. Er erkundigte sich, wie es zu dem Totschlag gekommen war. Den Anfang hatte er sich korrekt vorgestellt. Der Mauerstein war zu Boden gepoltert. Als Mike Flanahan das Handy sah, hatte er Aufdeckung befürchtet und es der Frau entrissen. Die hatte sich jedoch gewehrt, mit ihrer Tasche auf ihn eingeschlagen und seine Schienbeine mit Tritten traktiert. Er hatte sich geduckt; dabei war sein Blick auf den Stein gefallen. In seiner Not hob er ihn auf und schlug zu. Als die Amerikanerin zu Boden stürzte und sich nicht mehr rührte, wurde es ihm himmelangst. In einem verzweifelten Versuch, rational zu denken, legte er den Steinbrocken genau dorthin zurück, woher dieser gekommen war. Dann hatte er die Leiter fortgetragen und versteckt. Erst als er über die Mauer kletterte, war ihm aufgefallen, dass er das Mobiltelefon eingesteckt hatte. Und er sah auf der anderen Seite des Ödlandes Bill Garvey auftauchen, der ihm alle seine Eroberungen abspenstig gemacht hatte. Der Typ hatte vor Jahren Colleen geheiratet, und ihm jetzt auch noch die Amerikanerin vor der Nase weggeschnappt. Das war die Gelegenheit: Er benutzte das Telefon, um die Polizei zu alarmieren und sie auf Bill zu hetzen. Geschah ihm recht! Warum Mike das Handy nicht weggeworfen hatte, wusste er selbst nicht genau. Irgendwie mochte er sich nicht davon trennen; es übte eine morbide Faszination auf ihn aus.

Daniel schüttelte den Kopf. Was für eine traurige Geschichte! Was für ein mieser verstörter Mörder! Nein, ganz bei Sinnen war der bestimmt nicht.

John Walsh versprach, am Abend auf ein Pint oder zwei in Murphy's Pub vorbeizuschauen, und der Maler verließ aufatmend die Polizeistation. Jetzt hatte er noch etwas anderes zu erledigen. Er ging die Green Street hinauf, wo er mehrere Juwelierläden gesehen hatte.

20

Während Daniel mit John Walsh und Tom Murphy in dem alten Betonbunker an der Seite des Hügels wartete, ließ er die vergangenen neun Monate Revue passieren. Seit er nach Irland gekommen war, hatte ihn sein guter Stern nicht mehr verlassen. Oder vielleicht lag die Sache anders. Ihm war hier klar geworden, wie und wo er leben wollte, und er hatte sich ernsthaft darum bemüht, seine Träume Wirklichkeit werden zu lassen. Er hatte sich von der leidigen Verpflichtung seinen Eltern gegenüber befreit, die ihn vorher jahrelang belastet hatte. Er hatte Colleens Liebe gewonnen, und die ihrer zwei Kinder dazu. Das Glück konnte man nicht zwingen, aber man konnte es einladen …

Die Ausstellung in Wasserburg hatte ihm eine Menge Geld eingebracht, und seither verkauften sich seine Bilder fast von allein. Die kleinen Pubszenen verschwanden bald schneller von Tom Murphys Wänden, als er sie malen konnte. Die ernsthaften Gemälde hingen zum Teil in der Galerie in Ballyferriter, die anderen bei Gabi Börner in Bayern. Bei der Vernissage Ende Oktober hatte er Colleen seinen Eltern und seiner Schwester vorgestellt. Charlie verstand sich sofort hervorragend mit ihr, und sein Vater verfiel ihrem Charme ohne jede Gegenwehr, aber seine Mutter hatte zunächst kühl reagiert.

Die Kinder verhielten sich am Anfang sehr zurückhaltend in der fremden Umgebung. Sie tauten allerdings bald auf. Orla erklärte in ihrem drolligen Deutsch Frau Winter ausführlich, wie man Zwetschgenknödel kochte. Dann malte Brid ein Bild von ihr in einem gelben gepunkteten Kleid auf einem grün gestreiften Liegestuhl vor den lila Astern und roten Dahlien. Da konnte sie nicht länger widerstehen. Sie schloss zuerst die Mädchen ins Herz und kurz danach auch deren Mutter.

Die Erinnerung brachte Daniel zum Lachen. Seine Mama legte eben Wert darauf, erobert zu werden. Dem neuen Marketing-Fachmann gegenüber hatte sie sich ebenfalls reserviert gegeben – beinahe eine Woche lang, wie Paul ihm augenzwinkernd berichtet hatte. Alles lief also bestens.

Bloß mit dem Heiraten lief es nicht nach Wunsch. Colleen blieb fest bei ihrem Entschluss, denselben Fehler kein zweites Mal machen zu wollen. Außerdem, sagte sie, konnte sie als Katholikin ohnehin nicht wieder getraut werden. Dabei ging sie selten in die Kirche, und selbstverständlich gab es auch in Irland standesamtliche Eheschließungen. Das sei ihr aber zu prosaisch, meinte sie einmal. Ein bisschen Romantik konnte man schließlich verlangen, wenn es denn überhaupt sein sollte. An mangelnder Leidenschaft und Zuneigung lag ihre Weigerung allerdings gewiss nicht. Daniel schmunzelte. Sie hatten an seinem Fenster nun doch keine Gardinen aufhängen müssen; er benutzte es mittlerweile nur noch zum Arbeiten und als Umkleidezimmer.

John Walsh sagte gerade: »Du musst wohl an etwas Nettes denken, so wie du strahlst. – Los, steh auf; ich glaube, sie kommen.«

Colleen war froh, dass ihre Mutter die aufgeregten Kinder in ihr Auto geholt hatte. Sorcha und Linda waren ausnahmsweise still. So konnte sie in Ruhe über die letzten Monate nachdenken. Ob sie sich richtig entschieden hatte? Nein, diese Frage stellte sich wahrhaftig nicht. Sie war noch nie in ihrem Leben so glücklich gewesen. Danny war ein wunderbarer Vater für ihre zwei Mädchen; sie waren beide aufgeblüht und hatten Riesenschritte nach vorn getan. Er war auch ein wunderbarer Geliebter – sie merkte, wie ihr die Hitze ins Gesicht stieg, und legte eine Hand auf ihren Bauch.

Ihre Geschäfte gingen ebenfalls gut. Mit Dannys Hilfe war vieles einfacher. Sie musste grinsen. Freilich war es leichter, wenn jemand anders die unzähligen Fuhren Seetang am Strand sammelte und auf den Beeten verteilte. Aber er hatte im Winter auch begonnen, das zweite Steinhäuschen neben dem Pferdestall auszubauen. Man könnte es als Ferienwohnung vermieten, meinte er. Auf diese Idee wäre sie im Leben nicht verfallen; für sie war es einfach ein altes leeres Nebengebäude. Es stimmte jedoch: Mit einem winzigen Badezimmer, einer sauberen Küchenecke und einem offenen Schlafraum auf einer Galerie unter dem Dach wirkte es inzwischen sehr gemütlich. Die Steinwände waren weiß gestrichen und die Feuerstelle war frisch aufgemauert. Das Wellblechdach musste noch ausgetauscht werden; dafür fehlte bloß im Augenblick das Geld. Jetzt gerade wohnte Dannys Schwester Charlie darin und lobte es in den höchsten Tönen. – Ob sich da in Wasserburg etwas zwischen ihr und Paul anbahnte? Colleen wurde den Verdacht nicht los. Sie lächelte.

»Nun hör schon auf, so unverschämt glücklich dreinzusehen! Wir sind da«, rief Linda.

Der Kreis festlich gekleideter Menschen öffnete sich für Daniel und seine beiden Begleiter. Der uralte Menhir ragte aus der Wiese, davor stand der Druide in einem grauen Anzug mit einem weißen Umhang, und vor ihm … Er schnappte nach Luft. Colleen sah umwerfend aus. Sie trug ein eng anliegendes, knöchellanges Unterkleid aus dunkelgrünem Satin, das ihre Körperformen wunderbar betonte. Ein durchscheinendes Gewand aus feinster grüner Seide, exakt in der Farbe ihrer Augen, fiel locker darüber. Es wehte im leichten Wind, fast wie Nebelschleier oder Wasser. Das dunkelrote Haar wurde durch einen Blumenkranz mit zarten weißen und gelben Blüten zurückgehalten. Genau so hatte er seine Waldfee einst gemalt – wo war es ihr nur gelungen, dieses Kleid aufzutreiben? Sein Hemd war schwierig genug gewesen. Er dachte daran, wie er letzten Oktober in München von Kaufhaus zu Kaufhaus gezogen war, bis er mit Material und Farbe zufrieden war, während

Colleen mit Charlie das Deutsche Museum besichtigte. Voller Liebe lächelte er sie an.

Colleen blieb fast das Herz stehen, als Danny in den Kreis trat. So hatte sie ihn noch nie gesehen; selbst für seine Vernissage hatte er Jeans getragen, allerdings mit einem ordentlichen gebügelten Hemd. Heute jedoch hatte er eine goldbraune Hose an, die zu seinen Augen passte, und eine etwas hellere Weste. Dazu trug er ein feines graugrünes Seidenhemd mit weiten Ärmeln, die sich im Wind bauschten. Anstelle einer Krawatte hatte er ein dunkelgrünes Samtband umgebunden, und seine langen Locken waren ebenso zusammengehalten. Er sah aus wie ein Edelmann aus vergangenen Jahrhunderten. Wo er diese romantischen Sachen wohl gefunden hatte? Für sie war es recht einfach gewesen: Sobald sie seinen Antrag im Januar endlich angenommen hatte, hatte sie begonnen, im Internet nach passenden Stoffen zu suchen. Lindas Cousine Anna nähte das Gewand nach ihren Anweisungen und nach einer Kopie vom Waldfee-Bild. Sie strahlte ihn an.

»Liebe Colleen, lieber Danny, lasst uns die Zeremonie beginnen«, sagte der Druide. »Ich begrüße euch alle, die ihr als Zeugen und Gäste gekommen seid. Ein Wort vorweg zur Erklärung. Dies ist keine heidnische Feier. Sie ist allerdings auch nicht christlich. Aber Jesus war kein Christ, Buddha war kein Buddhist, und Mohammed war kein Moslem. Sie waren Lehrer der Liebe, und die Liebe war ihre Religion. Das hier ist eine Feier der Liebe. Diese beiden Menschen, Colleen McDonnell und Danny Winter, wollen heiraten. Als sichtbares Zeichen dafür verbinde ich euch mit dieser Schnur.«

Er schlang ein Stück Seil um die Hände des Brautpaars und verknotete es.

»Ich rufe nun die vier Elemente als Zeugen für eure Eheschließung an. – Tretet aus euren Schuhen!«, bat er die beiden.

Colleen und Daniel streiften ihre Schuhe ab. Viele der Gäste folgten ihrem Beispiel.

»Die Erde ist das Element, das uns trägt und hält. So wie eure nackten Füße nun die Erde und das Gras spüren, so spürt die Erde eure Verbindung. Möge sie eurer Liebe Halt und Dauer geben. – Die Sonne schenkt uns Licht und Wärme, jeden Tag aufs Neue. Heute ist sie nicht hinter Wolken versteckt, sondern steht hoch am Himmel. Schließt eure Augen und wendet euch ihr zu. So, wie eure Haut die Hitze der Sonne spürt, so sieht die Sonne eure Verbindung. Möge sie eurer Liebe Leidenschaft und gegenseitiges Vertrauen geben, jeden Tag aufs Neue. – Das Wasser steht für Unendlichkeit, weil es ewig wiederkehrt. Wir haben heute Glück, dass es gerade nicht als Regen wiederkehrt. Aber wenn es regnet, und das ist bei uns oft der Fall, dann sorgt es für Fruchtbarkeit.«

Der Druide nickte lächelnd zur Seite. Orla und Brid zogen mit spitzbübischem Grinsen riesige Wasserpistolen aus einem Korb am Boden und spritzten übermütig erst das Brautpaar, danach alle anderen Gäste nass. Es dauerte ein bisschen, bis sich die allgemeine Heiterkeit gelegt hatte. Daniel warf einen raschen Blick zu seinen Eltern. Sie schienen das seltsame Zeremoniell mit Fassung zu ertragen. Die Mutter stand sogar wirklich strumpfsockig auf der Wiese!

»Ich rufe das Wasser, das ihr spürt, als Zeugen für eure Verbindung. Möge es eurer Liebe Nahrung geben und sie fruchtbar machen.«

Colleen legte sich wieder lächelnd die freie Hand auf den Bauch. Sie fand es so erfrischend wie den unvermuteten Guss eben, dass bei den Druiden Fruchtbarkeit und Vermehrung Anlass zur Freude waren, nicht zu Vorwürfen. Sie schaute Daniel an, der ihr zuzwinkerte.

»Das letzte Element ist die Luft. Sie steht für Erneuerung und Kreativität. Wir können die Luft heute fühlen und sehen, weil die Brise in unseren Haaren und Kleidern spielt. Die Luft ist ein Zeuge eurer Verbindung. Möge sie eurer Liebe immer wieder frischen Wind geben, Trübsal und Eintönigkeit wegblasen und euch fröhlich machen – so, wie diese Kinder es mithilfe der Luft tun.«

Colleens Töchter warteten nur auf sein Signal, dann bliesen sie ganze Wolken von schillernden Seifenblasen in die Luft. Das erzeugte tatsächlich Fröhlichkeit, und als der Druide nun das Seil aufknotete und die beiden lächelnd für verheiratet erklärte, begannen die Musiker zu spielen.

Alle waren sie gekommen: Aidan mit der Box, Marc mit der *Fiddle*, Irene mit der Flöte und Frank mit der Gitarre. Linda zog ihre *Tin Whistle* aus der Tasche, ein anderer hatte eine Handtrommel dabei. Colleen führte mit Daniel einen übermütigen Reigen um den stehenden Stein herum an. In sicherer Entfernung standen einige Schafe und beobachteten erstaunt das Treiben auf ihrer Weide. Selbst die Touristen auf dem Parkplatz am Fuße des Hügels wurden neugierig, und manche begaben sich an den Aufstieg.

Gerade jetzt segnete die Natur das Brautpaar noch mit einem echten Mai-Schauer, und die Feiernden liefen lachend hinab zu ihren Autos.

Um elf Uhr legte Maura das Buch weg und klappte den Laptop zu. Sie rieb sich die Augen. Dann schüttete sie den kalten Rest Tee weg und schenkte sich vor dem Schlafengehen noch ein Glas Wein ein.

Nun war Danny also mit Colleen verheiratet. Die beiden hatten sie auch zur Feier eingeladen, aber das wollte sich Maura doch nicht antun. Allerdings hatte der Schmerz längst nachgelassen und war einer dumpfen Wehmut gewichen. Zum Feiern jedoch verspürte sie wenig Lust. Außerdem war die Zeit knapp: Die letzten Klausuren drohten noch in dieser Woche …

Wieder einmal grübelte sie über den großen Plan nach, der ihr ganzes Leben zunehmend ausfüllte – wo sollte sie nur das nötige Geld auftreiben?

Spät am Abend lehnten Colleen und Daniel an der Pferdekoppel, um den Tag ausklingen zu lassen. Die zwanglose Feier in Murphy's Pub war wunderbar gewesen, laut und fröhlich, mit Musik und Tanz. Im Nebenraum waren bunte Platten mit leckeren Speisen aufgebaut worden, an denen sich jeder nach Herzenslust bedienen konnte, und die Zapfanlage stand selten still. Aber gegen acht hatten sich die frisch Vermählten verabschiedet. Da die Kinder eine Weile bei den Großeltern blieben, konnten sie sich in aller Ruhe von den Strapazen des Heiratens erholen. Die letzten Tage waren doch ein wenig turbulent gewesen: Daniels Familie aus Deutschland musste begrüßt und überall vorgestellt werden; Colleens Brüder waren gekommen, zwei davon mit Frauen und diversen Nichten und Neffen. Dazu kam die Fahrt nach Killarney am Freitag für die standesamtliche Trauung – in Irland gibt es nur wenige Standesämter, da die meisten Leute kirchlich heiraten und eine katholische Trauung volle Gültigkeit hat.

Daniel zog Colleen an sich. »Das war ein wundervoller Tag. Ich bin unsagbar froh, dass ich dich schließlich doch noch überreden konnte.«

Sie seufzte glücklich. »Ja, schon allein das Fest war es wert«, gab sie mit einem schelmischen Grinsen zu.

Er grinste auch. »Warte nur auf die Hochzeitsnacht; ich hoffe, die ist es auch wert …«

Colleen erschauerte und ließ die Hände unter seiner Weste liebevoll nach oben gleiten, bis sie durch das dünne Hemd seinen Herzschlag spüren konnte. Er drückte seine Lippen auf ihr weiches Haar, das wie immer ein bisschen nach Rosmarin duftete.

»Komm«, raunte er und zog sie mit sich ins Haus.